Para: _____

*Como un pastor que cuida su rebaño, recoge los corderos
en sus brazos; los lleva junto a su pecho, y guía con
cuidado a las recién paridas.*

ISAÍAS 40:11

De: _____

© 2004 EDITORIAL VIDA
Miami, Florida

Publicado en inglés bajo el título:

God's Words of Life for Moms

© 2000 por The Zondervan Corporation

Reservados todos los derechos

ISBN: 0-8297-3990-4

Todos los devocionales en este libro fueron escritos por Elisa Morgan, Presidente y CEO de MOPS International, Inc.

Asistente al Editor: *Molly C. Detweiler*

Editor del proyecto: *Sarah Hupp*

Diseño: *David Carlson*

Traducción y compaginación: *Words for the World, Inc.*

Impreso en China

Printed in China

07 08 09 10 / TSC / 10 9 8 7 6 5

Palabras de Vida
para
Madres
de la
Nueva Versión Internacional

POR

Elisa Morgan

LA IRA

Todos deben estar listos para escuchar, y ser lentos para hablar y para enojarse; pues la ira humana no produce la vida justa que Dios quiere.

SANTIAGO 1:19–20

«Si se enojan, no pequen»: No dejen que el sol se ponga estando aún enojados.

EFESIOS 4:26

Iniciar una pelea es romper una represa;
    vale más retirarse que comenzarla.

PROVERBIOS 17:14

La respuesta amable calma el enojo,
    pero la agresiva echa leña al fuego.

PROVERBIOS 15:1

No te dejes llevar por el enojo
    que sólo abriga el corazón del necio.

ECLESIASTÉS 7:9

Más vale ser paciente que valiente;
    más vale dominarse a sí mismo que conquistar
    ciudades.

PROVERBIOS 16:32

LA IRA

El que es iracundo provoca contiendas;
   el que es paciente las apacigua.

PROVERBIOS 15:18

Quiero, pues, que en todas partes los hombres levanten
las manos al cielo con pureza de corazón, sin enojos ni
contiendas.

1 TIMOTEO 2:8

El amor es paciente, es bondadoso. El amor no es
envidioso ni jactancioso ni orgulloso. No se comporta
con rudeza, no es egoísta, no se enoja fácilmente, no
guarda rencor.

1 CORINTIOS 13:4–5

El SEÑOR es clemente y compasivo,
   lento para la ira y grande en amor.
No sostiene para siempre su querella
   ni guarda rencor eternamente.

SALMO 103:8–9

Cada cual examine su propia conducta; y si tiene algo
de qué presumir, que no se compare con nadie.

GÁLATAS 6:4

Sean bondadosos y compasivos unos con otros, y perdónense mutuamente, así como Dios los perdonó a ustedes en Cristo. Por tanto, imiten a Dios, como hijos muy amados, y lleven una vida de amor, así como Cristo nos amó y se entregó por nosotros como ofrenda y sacrificio fragante para Dios.

EFESIOS 4:32—5:1-2

Jesús dijo, «Yo les digo que todo el que se enoje con su hermano quedará sujeto al juicio del tribunal ... Por lo tanto, si estás presentando tu ofrenda en el altar y allí recuerdas que tu hermano tiene algo contra ti, deja tu ofrenda allí delante del altar. Ve primero y reconcíliate con tu hermano; luego vuelve y presenta tu ofrenda».

MATEO 5:22-24

¿Qué Dios hay como tú,
    que perdone la maldad
    y pase por alto el delito
    del remanente de su pueblo?
No siempre estarás airado,
    porque tu mayor placer es amar.

MIQUEAS 7:18

¿Es posible ser buena y estar enojada a la vez? Hasta donde nos es posible entender, la respuesta es no. Las mamás «buenas» que observamos o no se enojan o no nos dejan saber que lo están. Al observar a tales personas es posible que nos sintamos frustradas y cargadas de culpa en lo que respecta a nuestro propio mal genio.

En Efesios 4:26, Pablo nos escribe a quienes luchamos contra la ira. Dice lo siguiente: «Si se enojan…» Esta pequeña frase nos golpea con fuerza porque es un reconocimiento de que es imposible evitar por completo el enojo. La palabra inconfundiblemente clara e inspirada por Dios reconoce que la ira es una emoción humana inevitable.

Pero a continuación, Pablo establece un vínculo entre esta pequeña frase y un mandato: «No pequen». Cuando reconocemos nuestra ira, podemos enfrentarla sin temor. Podemos dar un paso hacia un lado y hacer una «pausa» hasta recobrar el control. Podemos expresar nuestros sentimientos con palabras cuidadosas que se adueñen de la emoción.

¿Qué debe hacer usted con la ira? Primeramente, acepte que es inevitable. Luego, no la niegue. Úsela de forma constructiva para modificar situaciones sin destruir a las personas. Enójese, pero no peque. De esa manera podrá ser buena, y al mismo tiempo enojarse.

PEDIR AYUDA

Jesús dijo, «Pidan, y se les dará; busquen, y encontrarán; llamen, y se les abrirá la puerta. Porque todo el que pide, recibe; el que busca, encuentra; y al que llama, se le abre».

LUCAS 11:9–10

«Clama a mí y te responderé, y te daré a conocer cosas grandes y ocultas que tú no sabes».

JEREMÍAS 33:3

Y todo el que invoque
      el nombre del SEÑOR
escapará con vida.

JOEL 2:32

Invócame en el día de la angustia;
      yo te libraré y tú me honrarás.

SALMO 50:15

El SEÑOR está cerca de quienes lo invocan,
      de quienes lo invocan en verdad.
Cumple los deseos de quienes le temen;
      atiende a su clamor y los salva.

SALMO 145:18–19

Ayúdense unos a otros a llevar sus cargas, y así cumplirán la ley de Cristo.
GÁLATAS 6:2

Más valen dos que uno,
    porque obtienen más fruto de su esfuerzo.
Si caen,
    el uno levanta al otro.
ECLESIASTÉS 4:9–10

Jesús dijo, «Es abundante la cosecha ... pero son pocos los obreros. Pídanle, por tanto, al Señor de la cosecha que mande obreros a su campo».
LUCAS 10:2

—No está bien lo que estás haciendo -le respondió su suegro-, pues te cansas tú y se cansa la gente que te acompaña. La tarea es demasiado pesada para ti; no la puedes desempeñar tú solo. ... Elige tú mismo entre el pueblo hombres capaces y temerosos de Dios ... y designalos jefes de mil, de cien, de cincuenta y de diez personas. Serán ellos los que funjan como jueces de tiempo completo, atendiendo los casos sencillos, y los casos difíciles te los traerán a ti. Eso te aligerará la carga, porque te ayudarán a llevarla. Si pones esto en práctica y Dios

*así te lo ordena, podrás aguantar; el pueblo, por su
parte, se irá a casa satisfecho.
Moisés atendió a la voz de su suegro y siguió sus sugerencias.*
ÉXODO 18:17–18, 21–24

Como un pastor que cuida su rebaño,
    recoge los corderos en sus brazos;
los lleva junto a su pecho,
    y guía con cuidado a las recién paridas.
ISAÍAS 40:11

*Acerquémonos confiadamente al trono de la gracia para
recibir misericordia y hallar la gracia que nos ayude en
el momento que más la necesitemos.*
HEBREOS 4:16

En mi angustia clamé al SEÑOR,
    y él me respondió.
Desde las entrañas del sepulcro pedí auxilio,
    y tú escuchaste mi clamor.
JONÁS 2:2

Carol Kuykendall y Elisa Morgan encuestaron a mil mamás acerca de sus necesidades. Al formulárseles la pregunta: «¿Qué es lo que más te hace falta, mamá?» respondieron:

Una niñera
Una empleada doméstica
Una secretaria
Otro par de brazos
Organización
Ayuda

Podemos enumerar rápidamente, sin ninguna dificultad, confesiones como las que acabamos de mencionar, pero lo cierto es que cuando se trata de la vida diaria, a la mayoría de nosotras nos cuesta pedir ayuda. Al parecer, la queja nos surge con más facilidad.

Quizá nos parece que pedir ayuda sea señal de debilidad. O puede que nos sintamos culpables al hacerlo. Se supone que las mamás tienen que arreglar cualquier cosa que se rompa o que duela, y que tienen que hacerlo mejor que nadie.

Tal vez la pregunta más difícil —y más importante— que debamos formular alguna vez sea: «¿Me puede ayudar?» Si Moisés no pudo atender él solo todas las necesidades de los israelitas, ¿por qué se nos ocurre que nosotras podemos atender todas las necesidades de los que nos rodean, sin pedir ayuda? Así que, mamá, tráguese el orgullo, y haga la pregunta: «¿Me puede ayudar?»

La actitud de ustedes debe ser como la de Cristo Jesús,
quien, siendo por naturaleza Dios,
    no consideró el ser igual a Dios como algo a qué
        aferrarse.
Por el contrario, se rebajó voluntariamente,
    tomando la naturaleza de siervo
    y haciéndose semejante a los seres humanos.
Y al manifestarse como hombre,
    se humilló a sí mismo
    y se hizo obediente hasta la muerte,
    ¡y muerte de cruz!
Por eso Dios lo exaltó hasta lo sumo
    y le otorgó el nombre
    que está sobre todo nombre,
    para que ante el nombre de Jesús
    se doble toda rodilla
    en el cielo y en la tierra
    y debajo de la tierra,
    y toda lengua confiese que Jesucristo es el Señor,
    para gloria de Dios Padre.
FILIPENSES 2:5–11

Por sobre todas las cosas cuida tu corazón,
porque de él mana la vida.
PROVERBIOS 4:23

Esforcémonos por promover todo lo que conduzca a la paz y a la mutua edificación.

ROMANOS 14:19

Ya se te ha dicho lo que de ti espera el SEÑOR:
Practicar la justicia,
amar la misericordia,
y humillarte ante tu Dios.

MIQUEAS 6:8

Con respecto a la vida que antes llevaban, se les enseñó que debían quitarse el ropaje de la vieja naturaleza, la cual está corrompida por los deseos engañosos; ser renovados en la actitud de su mente; y ponerse el ropaje de la nueva naturaleza, creada a imagen de Dios, en verdadera justicia y santidad.

EFESIOS 4:22–24

Que habite en ustedes la palabra de Cristo con toda su riqueza: instrúyanse y aconséjense unos a otros con toda sabiduría; canten salmos, himnos y canciones espirituales a Dios, con gratitud de corazón. Y todo lo que hagan, de palabra o de obra, háganlo en el nombre del Señor Jesús, dando gracias a Dios el Padre por medio de él.

COLOSENSES 3:16–17

El que afirma que permanece en él, debe vivir como él vivió.

1 JUAN 2:6

*Hagan como yo, que procuro agradar a todos en todo.
No busco mis propios intereses sino los de los demás,
para que sean salvos.*
1 CORINTIOS 10:33

*Jesús dijo: «El que quiera hacerse grande entre ustedes
deberá ser su servidor, y el que quiera ser el primero
deberá ser esclavo de los demás; así como el Hijo del
hombre no vino para que le sirvan, sino para servir y
para dar su vida en rescate por muchos».*
MATEO 20:26–28

Que nadie busque sus propios intereses sino los del prójimo.
1 CORINTIOS 10:24

*Cada uno debe agradar al prójimo para su bien, con el
fin de edificarlo.*
ROMANOS 15:2

*Jesús dijo: «El más importante entre ustedes será siervo
de los demás. Porque el que a sí mismo se enaltece será
humillado, y el que se humilla será enaltecido».*
MATEO 23:11–12

*Jesús dijo: «Así que en todo traten ustedes a los demás
tal y como quieren que ellos los traten a ustedes».*
MATEO 7:12

PENSAMIENTO DEVOCIONAL SOBRE LA ACTITUD

Sacamos la basura a la calle. Lavamos la vajilla, y limpiamos las encimeras de la cocina. A veces, hasta pasamos la aspiradora. Cuidamos con esmero la condición de nuestro hogar a fin de evitar que éste sea incluido en una lista titulada «zona de desastre». Pero, ¿cuánta atención le damos a nuestro corazón?

Cuando la Biblia dice que debemos cuidar el corazón porque de él mana la vida, eso significa que nuestras otras actitudes son motivadas por el corazón. ¿Está deprimida? Revise el grado de satisfacción de su corazón. ¿Siente deseos de quejarse? Una vez más, haga un control de su corazón y sabrá por qué.

En lugar de limpiar los bordes externos de nuestra vida, sería más sabio prestarles atención a nuestras partes más profundas. Al pasar la aspiradora por algunos ventrículos, quizá descubramos una capa de insatisfacción, de envidia, o incluso de ira, que hemos tapado para que no esté a la vista.

De nada sirve que intentemos pegarnos una expresión alegre o una buena actitud para exhibir en público si nuestro corazón está plagado de asuntos ocultos. Cualquier cosa que hayamos escondido en nuestro corazón, más tarde o más temprano se desbordará hasta tocar nuestros días con nuestros hijos, con nuestros vecinos, con nuestros compañeros de trabajo y con Dios.

EL ESTUDIO BÍBLICO

Todo lo que se escribió en el pasado se escribió para enseñarnos, a fin de que, alentados por las Escrituras, perseveremos en mantener nuestra esperanza.

ROMANOS 15:4

La palabra de Dios es viva y poderosa, y más cortante que cualquier espada de dos filos. Penetra hasta lo más profundo del alma y del espíritu, hasta la médula de los huesos, y juzga los pensamientos y las intenciones del corazón.

HEBREOS 4:12

Deseen con ansias la leche pura de la palabra, como niños recién nacidos. Así, por medio de ella, crecerán en su salvación.

1 PEDRO 2:2

¡Cuánto amo yo tu ley!
    Todo el día medito en ella.

SALMO 119:97

Examinemos juntos este caso;
    decidamos entre nosotros lo mejor.

JOB 34:4

Crezcan en la gracia y en el conocimiento de nuestro Señor y Salvador Jesucristo. ¡A él sea la gloria ahora y para siempre!

2 PEDRO 3:18

EL ESTUDIO BÍBLICO

Quiero que lo sepan para que cobren ánimo, permanezcan unidos por amor, y tengan toda la riqueza que proviene de la convicción y del entendimiento. Así conocerán el misterio de Dios, es decir, a Cristo, en quien están escondidos todos los tesoros de la sabiduría y del conocimiento.

COLOSENSES 2:2–3

Tus estatutos son mi herencia permanente;
son el regocijo de mi corazón.

SALMO 119:111

Esto es lo que pido en oración: que el amor de ustedes abunde cada vez más en conocimiento y en buen juicio, para que disciernan lo que es mejor, y sean puros e irreprochables para el día de Cristo.

FILIPENSES 1:9–10

Tengo más discernimiento que todos mis maestros
    porque medito en tus estatutos.
Tengo más entendimiento que los ancianos
    porque obedezco tus preceptos.
Aparto mis pies de toda mala senda
    para cumplir con tu palabra.
No me desvío de tus juicios
    porque tú mismo me instruyes.

¡Cuán dulces son a mi paladar tus palabras!
    ¡Son más dulces que la miel a mi boca!
De tus preceptos adquiero entendimiento;
    por eso aborrezco toda senda de mentira.
Tu palabra es una lámpara a mis pies;
    es una luz en mi sendero.

SALMO 119:99–105

Toda palabra de Dios es digna de crédito;
    Dios protege a los que en él buscan refugio.

PROVERBIOS 30:5

La ley del SEÑOR es perfecta:
    infunde nuevo aliento.
El mandato del SEÑOR es digno de confianza:
    da sabiduría al sencillo.
Los preceptos del SEÑOR son rectos:
    traen alegría al corazón.
El mandamiento del SEÑOR es claro:
    da luz a los ojos.
El temor del SEÑOR es puro:
    permanece para siempre.
Las sentencias del SEÑOR son verdaderas:
    todas ellas son justas.
Son más deseables que el oro,

EL ESTUDIO BÍBLICO

más que mucho oro refinado;
son más dulces que la miel,
la miel que destila del panal.
Por ellas queda advertido tu siervo;
quien las obedece recibe una gran recompensa.

SALMO 19:7–11

*Cuando el rey tome posesión de su reino, ordenará que
le hagan una copia del libro de la ley, que está al
cuidado de los sacerdotes … Esta copia la tendrá siempre a su alcance y la leerá todos los días de su vida. Así
aprenderá a temer al SEÑOR su Dios, cumplirá fielmente todas las palabras de esta ley y sus preceptos.*

DEUTERONOMIO 17:18–19

*Permanece firme en lo que has aprendido y de lo cual
estás convencido, pues sabes de quiénes lo aprendiste.
Desde tu niñez conoces las Sagradas Escrituras, que
pueden darte la sabiduría necesaria para la salvación
mediante la fe en Cristo Jesús.*

2 TIMOTEO 3:14–15

La exposición de tus palabras nos da luz,
y da entendimiento al sencillo.

SALMO 119:130

EL ESTUDIO BÍBLICO

Me acuerdo, SEÑOR, de tus juicios de antaño,
    y encuentro consuelo en ellos

SALMO 119:52

Recita siempre el libro de la ley y medita en él de día y
de noche; cumple con cuidado todo lo que en él está
escrito. Así prosperarás y tendrás éxito.

JOSUÉ 1:8

Al encontrarme con tus palabras,
    yo las devoraba;
    ellas eran mi gozo
    y la alegría de mi corazón,
porque yo llevo tu nombre,
    SEÑOR, Dios Todopoderoso.

JEREMÍAS 15:16

Jesús dijo: «Dichosos ... los que oyen la palabra de Dios
y la obedecen».

LUCAS 11:28

Le está soltando un rosario de palabras hirientes a su esposo, cuando de repente le viene a la mente esta frase: «Eviten toda conversación obscena». ¿De dónde me vino eso?

Está hojeando una revista de decoración, cuando le viene otra frase a la mente: «He aprendido a estar satisfecho en cualquier situación en que me encuentre». ¡Asombroso!

Estas experiencias ilustran lo que Pablo da por hecho en 2 Timoteo 3:16. La Palabra de Dios está viva. Lo que de verdad leemos en la Biblia son sus palabras exactas, habladas por medio de un instrumento humano, pasadas en forma oral y, finalmente, puestas por escrito en narraciones históricas, en literatura o en cartas. Hoy día las palabras de Dios siguen hablando a todo aquel que lee y escucha.

En 2 Timoteo 3:16 Pablo enfatiza cuatro funciones de la Palabra viva, la Biblia:

Enseñanza: Nos imparte información acerca de la verdad y de Dios.

Represión: Nos hace saber cuándo nos equivocamos.

Corrección: Nos vuelve a orientar cuando perdemos el rumbo.

Instrucción: Nos prepara para cada paso que damos en la senda que nos lleva a ser como Él.

La Biblia es la Palabra de Dios verdadera y viva. Él nos habla cuando la leemos. Y nos vuelve a hablar en nuestra experiencia diaria cuando nos ayuda a recordar lo que él dice.

LOS HIJOS

Los hijos son una herencia del SEÑOR,
    los frutos del vientre son una recompensa.
Como flechas en las manos del guerrero
    son los hijos de la juventud.

SALMO 127:3–4

*El SEÑOR tu Dios te bendecirá con mucha prosperidad
en todo el trabajo de tus manos y en el fruto de tu
vientre.*

DEUTERONOMIO 30:9

El orgullo de los hijos son sus padres.

PROVERBIOS 17:6

Que el SEÑOR multiplique la descendencia
    de ustedes y de sus hijos.
Que reciban bendiciones del SEÑOR,
    creador del cielo y de la tierra.

SALMO 115:14–15

*Jesús dijo: «Dejen que los niños vengan a mí, y no se lo
impidan, porque el reino de los cielos es de quienes son
como ellos».*

MATEO 19:14

«Presten atención y no olviden las cosas que han visto sus ojos, ni las aparten de su corazón mientras vivan. Cuéntenselas a sus hijos y a sus nietos», dice el SEÑOR.
DEUTERONOMIO 4:9

Instruye al niño en el camino correcto,
    y aun en su vejez no lo abandonará.
PROVERBIOS 22:6

El SEÑOR mismo instruirá a todos tus hijos,
    y grande será su bienestar.
ISAÍAS 54:13

No hagan enojar a sus hijos, sino críenlos según la disciplina e instrucción del Señor.
EFESIOS 6:4

El SEÑOR tu Dios … Te amará, te multiplicará y bendecirá el fruto de tu vientre.
DEUTERONOMIO 7:12–13

Todo padre hablará a sus hijos acerca de tu fidelidad.
ISAÍAS 38:19

LOS HIJOS

Jesús dijo: «La mujer que está por dar a luz siente dolores porque ha llegado su momento, pero en cuanto nace la criatura se olvida de su angustia por la alegría de haber traído al mundo un nuevo ser».

JUAN 16:21

Éste es el niño que yo le pedí al SEÑOR, y él me lo concedió. Ahora yo, por mi parte, se lo entrego al SEÑOR.

1 SAMUEL 1:27–28

Los discípulos se acercaron a Jesús y le preguntaron:
—¿Quién es el más importante en el reino de los cielos?
Él llamó a un niño y lo puso en medio de ellos.
Entonces dijo:
—Les aseguro que a menos que ustedes cambien y se vuelvan como niños, no entrarán en el reino de los cielos. Por tanto, el que se humilla como este niño será el más grande en el reino de los cielos. Y el que recibe en mi nombre a un niño como éste, me recibe a mí.

MATEO 18:1–5

Nada me produce más alegría que oír que mis hijos practican la verdad.

3 JUAN 4

Nos mecemos con suavidad, hacia adelante y hacia atrás, hacia adelante y hacia atrás. Nuestro bebé se nos acurruca junto al cuello, sentimos su cálido aliento en la piel. Tan delicado. Tan dulce.

Con cuidado, nos levantamos y cruzamos silenciosamente la alfombra hasta llegar a la cuna. Bajamos con ternura a nuestro pequeño, apoyándolo sobre la suave sábana de franela. Nuestro bebé. Nuestro precioso hijo. Una melodía tarareada nos nace desde lo profundo del ser: «Cristo te ama, bien lo sé...» le cantamos a nuestro bebé mientras nos escapamos con sigilo de la habitación.

¿De dónde vino este amor? ¿Cómo aprendimos a amar así?

Sofonías se imagina a Dios haciendo callar a su hijo Israel, mientras canta sobre él con amor. Quizá aprendemos el amor por los hijos del Padre que tanto nos ama, que nos calma con su amor, que se alegra por nosotros y lo muestra con cantos.

No nos cansemos de hacer el bien, porque a su debido tiempo cosecharemos si no nos damos por vencidos.

GÁLATAS 6:9

¡Manténganse firmes y no bajen la guardia, porque sus obras serán recompensadas!

2 CRÓNICAS 15:7

Encomienda al SEÑOR tu camino;
    confía en él, y él actuará.
Hará que tu justicia resplandezca como el alba;
    tu justa causa, como el sol de mediodía.

SALMO 37:5–6

Sirvan de buena gana, como quien sirve al Señor y no a los hombres, sabiendo que el Señor recompensará a cada uno por el bien que haya hecho, sea esclavo o sea libre.

EFESIOS 6:7–8

Haré que haya coherencia entre su pensamiento y su conducta, a fin de que siempre me teman, para su propio bien y el de sus hijos. Haré con ellos un pacto eterno: Nunca dejaré de estar con ellos para mostrarles mi favor; pondré mi temor en sus corazones, y así

---

no se apartarán de mí.

JEREMÍAS 32:39–40

Dedíquense por completo al SEÑOR nuestro Dios; vivan según sus decretos y cumplan sus mandamientos.

1 REYES 8:61

Grábame como un sello sobre tu corazón;
    llévame como una marca sobre tu brazo.
Fuerte es el amor, como la muerte.

CANTARES 8:6

Todo el que se descarría y no permanece en la enseñanza de Cristo, no tiene a Dios; el que permanece en la enseñanza sí tiene al Padre y al Hijo.

2 JUAN 9

Nunca dejen de ser diligentes; antes bien, sirvan al Señor con el fervor que da el Espíritu.

ROMANOS 12:11

Jesús dijo: «A cualquiera que me reconozca delante de los demás, yo también lo reconoceré delante de mi Padre que está en el cielo».

MATEO 10:32

Jesús dijo: «Vengo pronto. Aférrate a lo que tienes, para que nadie te quite la corona».

APOCALIPSIS 3:11

Aférrense a lo bueno … Que Dios mismo, el Dios de paz, los santifique por completo, y conserve todo su ser —espíritu, alma y cuerpo— irreprochable para la venida de nuestro Señor Jesucristo.

1 TESALONICENSES 5:21, 23

Entonces exclamó Nabucodonosor: «¡Alabado sea el Dios de estos jóvenes, que envió a su ángel y los salvó! Ellos confiaron en él y, desafiando la orden real, optaron por la muerte antes que honrar o adorar a otro dios que no fuera el suyo».

DANIEL 3:28

Aférrense al bien. Ámense los unos a los otros con amor fraternal.

ROMANOS 12:9–10

Sigo avanzando hacia la meta para ganar el premio que Dios ofrece mediante su llamamiento celestial en Cristo Jesús.

FILIPENSES 3:14

Un amigo está teniendo una aventura amorosa. Un vecino adorna la verdad al reclamarle dinero al seguro. Un ser amado dice palabrotas frente a los hijos. Nos rodean —y están dentro de nosotros— pecados de todo tipo ¿Cómo nos libraremos de ellos para llegar a ser un pueblo especial en Cristo?

Daniel hizo caso omiso de las creencias que estaban en boga en su tiempo, y eligió vivir según las normas de Dios (véase Daniel 1).

La mujer «Daniel» no abandona a su marido. No le corta la comunicación a su madre. No ignora las necesidades de su prójimo. No insiste en jugar el juego de la vida según sus propias reglas, sino que escoge más bien jugar de modo constante, obediente e incluso a veces doloroso, guiándose por los designios de Dios. Mantiene su compromiso con los que la rodean. Reconoce y respeta las obligaciones de la promesa dada, ya sea a su esposo, a un hijo o a Dios.

En nuestra época, evitar consecuencias o ignorar promesas es algo demasiado frecuente, pero la mujer que mantiene compromisos firmes, y lucha por mantener relaciones saludables es una mujer «Daniel»: una persona especial en Cristo.

LA COMUNICACIÓN

Sean, pues, aceptables ante ti
   mis palabras y mis pensamientos,
   oh SEÑOR.

SALMO 19:14

Eviten toda conversación obscena. Por el contrario, que
sus palabras contribuyan a la necesaria edificación.

EFESIOS 4:29

Quien habla el bien, del bien se nutre.

PROVERBIOS 13:2

Confiésense unos a otros sus pecados, y oren unos por
otros, para que sean sanados.

SANTIAGO 5:16

La boca del justo imparte sabiduría,
   y su lengua emite justicia.
La ley de Dios está en su corazón,
   y sus pies jamás resbalan.

SALMO 37:30–31

Plata refinada es la lengua del justo.

PROVERBIOS 10:20

LA COMUNICACIÓN

Cada uno se llena con lo que dice
    y se sacia con lo que habla.

PROVERBIOS 18:20

La lengua que brinda consuelo
    es árbol de vida.

PROVERBIOS 15:4

El sabio de corazón controla su boca;
    con sus labios promueve el saber.
Panal de miel son las palabras amables:
    endulzan la vida y dan salud al cuerpo.

PROVERBIOS 16:23–24

Anímense unos a otros con salmos, himnos y canciones
espirituales. Canten y alaben al Señor con el corazón,
dando siempre gracias a Dios el Padre por todo, en el
nombre de nuestro Señor Jesucristo.

EFESIOS 5:19–20

Ofrezcamos continuamente a Dios, por medio de
Jesucristo, un sacrificio de alabanza, es decir, el fruto de
los labios que confiesan su nombre.

HEBREOS 13:15

LA COMUNICACIÓN

Como naranjas de oro con incrustaciones de plata
son las palabras dichas a tiempo.

PROVERBIOS 25:11

¿Quién, SEÑOR, puede habitar en tu santuario?
¿Quién puede vivir en tu santo monte?
Sólo el de conducta intachable,
que practica la justicia
y de corazón dice la verdad;
que no calumnia con la lengua,
que no le hace mal a su prójimo
ni le acarrea desgracias a su vecino.

SALMO 15:1–3

El SEÑOR omnipotente me ha concedido
tener una lengua instruida,
para sostener con mi palabra al fatigado.

ISAÍAS 50:4

Los labios sinceros permanecen para siempre.

PROVERBIOS 12:19

*Todos fallamos mucho. Si alguien nunca falla en lo que
dice, es una persona perfecta, capaz también de controlar todo su cuerpo.*

SANTIAGO 3:2

LA COMUNICACIÓN

SEÑOR, ponme en la boca un centinela,
   un guardia a la puerta de mis labios.
SALMO 141:3

El testigo verdadero declara lo que es justo.
PROVERBIOS 12:17

*Estén siempre preparados para responder a todo el que
les pida razón de la esperanza que hay en ustedes. Pero
háganlo con gentileza y respeto.*
1 PEDRO 3:15–16

*Al vivir la verdad con amor, creceremos hasta ser en
todo como aquel que es la cabeza, es decir, Cristo.*
EFESIOS 4:15

El que refrena su lengua protege su vida.
PROVERBIOS 13:3

*Que su conversación sea siempre amena y de buen
gusto. Así sabrán cómo responder a cada uno.*
COLOSENSES 4:6

LA COMUNICACIÓN

El que quiera amar la vida
   y gozar de días felices,
que refrene su lengua de hablar el mal
   y sus labios de proferir engaños.

SALMO 34:12–13

Una respuesta sincera
   es como un beso en los labios.

PROVERBIOS 24:26

La lengua de los sabios destila conocimiento.

PROVERBIOS 15:2

El que habla, hágalo como quien expresa las palabras
mismas de Dios.

1 PEDRO 4:11

Por regla general, nuestros hijos llegan a ser lo que les decimos que son. Si les decimos que son torpes, olvidadizos o estúpidos, serán torpes, olvidadizos o estúpidos. Nuestro modo de reaccionar ante las faltas que cometen —cuando vierten el cereal del desayuno, cuando se olvidan en casa su tarea escolar, o cuando regresan con una hora de retraso de la casa de un amigo— determina lo que pensarán sobre sí mismos, y lo que llegarán a ser.

En Génesis 49 Jacob bendice a cada uno de sus hijos, pronunciando sobre ellos «palabras de lo que llegarán a ser». Nosotros podemos hacer lo mismo. Podemos empezar a alimentar a nuestros hijos con elogios en los momentos comunes y corrientes de cada día. Déselos como suplementos vitamínicos con cada comida. Ofrézcaselos como merienda. Sírvalos en calidad de postre sustancioso. Sea cual fuere la edad de nuestros hijos, nunca es demasiado tarde para incluir en su dieta el nutriente fundamental de la afirmación.

Ya sea que tengan dos, doce o veintidós años, nuestros hijos se convertirán en lo que les digamos que son. Obtendremos lo que les digamos.

Estoy convencido de que ni la muerte ni la vida, ni los ángeles ni los demonios, ni lo presente ni lo por venir, ni los poderes, ni lo alto ni lo profundo, ni cosa alguna en toda la creación, podrá apartarnos del amor que Dios nos ha manifestado en Cristo Jesús nuestro Señor.

ROMANOS 8:38–39

Así que no pierdan la confianza, porque ésta será grandemente recompensada.

HEBREOS 10:35

De una cosa estoy seguro:
> he de ver la bondad del SEÑOR
> en esta tierra de los vivientes.

SALMO 27:13

El producto de la justicia será la paz;
> tranquilidad y seguridad perpetuas serán su fruto.

ISAÍAS 32:17

Podemos decir con toda confianza: «El Señor es quien me ayuda; no temeré. ¿Qué me puede hacer un simple mortal?»

HEBREOS 13:6

El SEÑOR es mi luz y mi salvación;
> ¿a quién temeré?

PALABRAS DE VIDA SOBRE
LA SEGURIDAD

El SEÑOR es el baluarte de mi vida;
  ¿quién podrá amedrentarme?…
Aun cuando un ejército me asedie,
  no temerá mi corazón;
aun cuando una guerra estalle contra mí,
  yo mantendré la confianza

SALMO 27:1, 3

Acerquémonos confiadamente al trono de la gracia para recibir misericordia y hallar la gracia que nos ayude en el momento que más la necesitemos.

HEBREOS 4:16

Yo sé que mi redentor vive,
  y que al final triunfará sobre la muerte.

JOB 19:25

Sólo él es mi roca y mi salvación;
  él es mi protector.
    ¡Jamás habré de caer!

SALMO 62:2

Jesús dijo: «Mis ovejas oyen mi voz; yo las conozco y ellas me siguen. Yo les doy vida eterna, y nunca perecerán, ni nadie podrá arrebatármelas de la mano. Mi

---

Padre, que me las ha dado, es más grande que todos; y de la mano del Padre nadie las puede arrebatar».
JUAN 10:27–29

No me avergüenzo, porque sé en quién he creído, y estoy seguro de que tiene poder para guardar hasta aquel día lo que le he confiado.
2 TIMOTEO 1:12

Todo lo puedo en Cristo que me fortalece.
FILIPENSES 4:13

El que comenzó tan buena obra en ustedes la irá perfeccionando hasta el día de Cristo Jesús.
FILIPENSES 1:6

Hemos llegado a tener parte con Cristo, con tal que retengamos firme hasta el fin la confianza que tuvimos al principio.
HEBREOS 3:14

Ésta es la confianza que tenemos al acercarnos a Dios: que si pedimos conforme a su voluntad, él nos oye.
1 JUAN 5:14

LA SEGURIDAD

*Si el corazón no nos condena, tenemos confianza
delante de Dios.*

1 JUAN 3:21

El SEÑOR estará siempre a tu lado
  y te librará de caer en la trampa.

PROVERBIOS 3:26

El Dios sempiterno es tu refugio;
  por siempre te sostiene entre sus brazos.

DEUTERONOMIO 33:27

El SEÑOR es mi roca, mi amparo, mi libertador;
  es mi Dios, el peñasco en que me refugio.
  Es mi escudo, el poder que me salva,
  ¡mi más alto escondite!

SALMO 18:2

Tú eres mi refugio;
  tú me protegerás del peligro
  y me rodearás con cánticos de liberación.

SALMO 32:7

Torre inexpugnable es el nombre del SEÑOR;
  a ella corren los justos y se ponen a salvo.

PROVERBIOS 18:10

Bendito el hombre que confía en el Señor,
    y pone su confianza en él.

JEREMÍAS 17:7

Mi ardiente anhelo y esperanza es que en nada seré
avergonzado, sino que con toda libertad, ya sea que yo
viva o muera, ahora como siempre, Cristo será exaltado
en mi cuerpo.

FILIPENSES 1:20

No tendrán que intervenir en esta batalla. Simple-
mente, quédense quietos en sus puestos, para que vean
la salvación que el SEÑOR les dará … no tengan
miedo ni se acobarden.

2 CRÓNICAS 20:17

El Señor me dijo: «Te basta con mi gracia, pues mi
poder se perfecciona en la debilidad». Por lo tanto, gus-
tosamente haré más bien alarde de mis debilidades,
para que permanezca sobre mí el poder de Cristo.

2 CORINTIOS 12:9

Ansiosamente le he pedido a Dios que se haga cargo de mis hijos. Por temor a que yo pueda «arruinarlos», se los entrego a él.

Pero al entregarle mis hijos a Dios, a menudo le oigo preguntarme:

—¿De verdad me confías tus hijos? ¿Confías en que los lleve a la escuela de modo seguro?

—¡Sí! —contesto yo.

—¿Crees que puedo guiarlos al pasar por una enfermedad?

—¡Por supuesto!

—¿Y en cuanto a decidir si han de casarse ... y con quién?

—¡Mejor tú que yo! —le digo.

—Entonces, ¿confías en que seleccione a la mejor madre para tus hijos y para que lleguen a ser lo que yo deseo que sean?

Podemos ser las madres que necesitan nuestros hijos porque Dios, de modo divino, nos escogió para realizar esa tarea. No lo dude. Él sabe lo que hace. ¡Eso sí nos da alegría! ¿Verdad?

EL CONFLICTO

*Que el Dios que infunde aliento y perseverancia les con-
ceda vivir juntos en armonía, conforme al ejemplo de
Cristo Jesús, para que con un solo corazón y a una sola
voz glorifiquen al Dios y Padre de nuestro Señor Jesucristo.*
ROMANOS 15:5–6

Vivan en armonía y que no haya divisiones entre ustedes.
1 CORINTIOS 1:10

El odio es motivo de disensiones,
     pero el amor cubre todas las faltas.
PROVERBIOS 10:12

Esfuércense por mantener la unidad del Espíritu.
EFESIOS 4:3

Asegúrense de que nadie pague mal por mal.
1 TESALONICENSES 5:15

*No te dejes vencer por el mal; al contrario, vence el mal
con el bien.*
ROMANOS 12:21

El necio muestra en seguida su enojo,
     pero el prudente pasa por alto el insulto.
PROVERBIOS 12:16

El Conflicto

Honroso es al hombre evitar la contienda.

PROVERBIOS 20:3

Iniciar una pelea es romper una represa;
    vale más retirarse que comenzarla.

PROVERBIOS 17:14

El orgullo sólo genera contiendas,
    pero la sabiduría está con quienes oyen consejos.

PROVERBIOS 13:10

La respuesta amable calma el enojo.

PROVERBIOS 15:1

No te dejes llevar por el enojo.

ECLESIASTÉS 7:9

Que no haya división en el cuerpo, sino que sus miembros se preocupen por igual unos por otros. Si uno de los miembros sufre, los demás comparten su sufrimiento; y si uno de ellos recibe honor, los demás se alegran con él.

1 CORINTIOS 12:25–26

Jesús dijo: «Ruego también por los que han de creer en mí por el mensaje de [mis discípulos], para que todos sean uno. Padre, así como tú estás en mí y yo en ti …

Permite que alcancen la perfección en la unidad, y así el mundo reconozca que tú me enviaste».

JUAN 17:20–21, 23

El que va tras la justicia y el amor
  halla vida, prosperidad y honra.

PROVERBIOS 21:21

Pensamiento Devocional Sobre
El Conflicto

El conflicto es inevitable. Incluso las parejas más amorosas y los amigos más devotos se verán apartados por las diferencias de trasfondos y de creencias … desacuerdos sobre finanzas, crianza de los hijos y tareas del hogar. Tales momentos son peligrosos. Cuando las emociones están exaltadas se disparan flechas verbales que llegan a sitios a los que nunca se había apuntado.

Podemos evitar el peligro del conflicto si nos dejamos guiar por una norma sencilla: No ataque a las personas, ataque los problemas. En lugar de enfocarnos en la persona con la que tenemos conflicto, podemos dirigir nuestra atención hacia el problema que nos separa. He aquí algunos pasos que sirven de ayuda:

- *Antes de expresarlo, apunte lo que sienta.* Vuelque sus sentimientos sobre la seguridad del papel.
- *Defina el problema.* Empiece con varias oraciones, y luego haga un proceso de eliminación hasta quedarse con una o dos palabras que definan el problema.
- *Comunique el problema con cuidado.* Elimine las exageraciones de su vocabulario. Resista la tentación de decir «Tú nunca» o «Tú siempre». Evite acusaciones e insultos.

Malaquías 3:16 dice que los israelitas «hablaron entre sí» a fin de hallar una solución a su conflicto. Cuando nos entrenamos para atacar nuestros problemas en lugar de atacar a las personas, nos vamos arrimando a una resolución saludable, sin dejar una estela de víctimas a nuestro paso.

Bellos lugares me han tocado en suerte;
¡preciosa herencia me ha correspondido!

SALMO 16:6

Más vale comer verduras sazonadas con amor
que un festín de carne sazonada con odio.

PROVERBIOS 15:17

*Cada uno debe vivir conforme a la condición que el
Señor le asignó y a la cual Dios lo ha llamado.*

1 CORINTIOS 7:17

Guarda silencio ante el SEÑOR,
y espera en él con paciencia;
no te irrites ante el éxito de otros,
de los que maquinan planes malvados.
Refrena tu enojo, abandona la ira;
no te irrites, pues esto conduce al mal.
Porque los impíos serán exterminados,
pero los que esperan en el SEÑOR heredarán la
tierra.

SALMO 37:7–9

*¡Anda, come tu pan con alegría! ¡Bebe tu vino con buen
ánimo, que Dios ya se ha agradado de tus obras!*

ECLESIASTÉS 9:7

Más vale lo poco de un justo
que lo mucho de innumerables malvados;
porque el brazo de los impíos será quebrado,
pero el SEÑOR sostendrá a los justos.

SALMO 37:16–17

Para el que es feliz siempre es día de fiesta.

PROVERBIOS 15:15

Más vale poco con tranquilidad
que mucho con fatiga ...
¡corriendo tras el viento!

ECLESIASTÉS 4:6

El corazón alegre se refleja en el rostro.

PROVERBIOS 15:13

No me des pobreza ni riquezas
sino sólo el pan de cada día.

PROVERBIOS 30:8

Más vale tener poco, con temor del SEÑOR,
que muchas riquezas con grandes angustias.

PROVERBIOS 15:16

*Manténganse libres del amor al dinero, y conténtense
con lo que tienen, porque Dios ha dicho:
«Nunca te dejaré; jamás te abandonaré.»*
HEBREOS 13:5

Más vale tener poco con justicia
que ganar mucho con injusticia.
PROVERBIOS 16:8

*Con la verdadera religión se obtienen grandes ganancias,
pero sólo si uno está satisfecho con lo que tiene. Porque
nada trajimos a este mundo, y nada podemos llevarnos.
Así que, si tenemos ropa y comida, contentémonos con eso.*
1 TIMOTEO 6:6–8

Más vale comer pan duro donde hay concordia
que hacer banquete donde hay discordia.
PROVERBIOS 17:1

*He aprendido a estar satisfecho en cualquier situación en
que me encuentre. Sé lo que es vivir en la pobreza, y lo
que es vivir en la abundancia. He aprendido a vivir en
todas y cada una de las circunstancias, tanto a quedar
saciado como a pasar hambre, a tener de sobra como a
sufrir escasez. Todo lo puedo en Cristo que me fortalece.*
FILIPENSES 4:11–13

Pensamiento Devocional Sobre El Contentamiento

No quiero este sofá. ¡Quiero uno de cuero! No me gusta esta casa. ¡Quiero una más grande! No me satisface mi esposo. ¡Quiero el de ella! Si bien palabras tales rara vez escapan de nuestros labios, los pensamientos subyacentes se dan con bastante regularidad.

Lo mismo sucedía con los israelitas que se quejaban y le gruñían a Dios porque les parecía que no tenían alimento suficiente. Luego le mostraron los puños porque lo único que les proveía era maná, y ellos querían carne. Cuando estaban en el desierto se quejaron de no estar en la tierra prometida. Y sin embargo, en el desierto Dios les ofreció demostraciones singulares y tangibles de su presencia: un pilar de fuego, la nube de su presencia, maná y codornices del cielo.

¡Cuánto nos parecemos a los israelitas! Decimos que queremos ciertas cosas de Dios y, sin embargo, cuando las obtenemos miramos hacia atrás añorando lo que teníamos antes, sin estar nunca plenamente satisfechas. ¿De qué nos quejamos entonces ante Dios? ¿Acaso queremos la tierra prometida, o su presencia en nuestra vida?

La mentalidad que proviene del Espíritu es vida y paz.
ROMANOS 8:6

Se han puesto ... la nueva naturaleza, que se va renovando en conocimiento a imagen de su Creador.
COLOSENSES 3:10

No se amolden al mundo actual, sino sean transformados mediante la renovación de su mente.
ROMANOS 12:2

«Les daré un nuevo corazón, y les infundiré un espíritu nuevo; les quitaré ese corazón de piedra que ahora tienen, y les pondré un corazón de carne. Infundiré mi Espíritu en ustedes, y haré que sigan mis preceptos y obedezcan mis leyes», dice el SEÑOR.
EZEQUIEL 36:26–27

Examíname, oh Dios, y sondea mi corazón;
    ponme a prueba y sondea mis pensamientos.
SALMO 139:23

Ante ti, Señor, están todos mis deseos;
    no te son un secreto mis anhelos...
Señor de mi salvación,
    ¡ven pronto en mi ayuda!
SALMO 38:9, 22

LAS EMOCIONES

Nuestra boca se llenó de risas;
  nuestra lengua, de canciones jubilosas.

SALMO 126:2

¿Hasta cuándo he de estar angustiado
  y he de sufrir cada día en mi corazón?…
Pero yo confío en tu gran amor;
  mi corazón se alegra en tu salvación.
Canto salmos al SEÑOR.
  ¡El SEÑOR ha sido bueno conmigo!

SALMO 13:2, 5–6

Ante él expongo mis quejas;
  ante él expreso mis angustias.
Cuando ya no me queda aliento,
  tú me muestras el camino.

SALMO 142:2–3

Bendeciré al SEÑOR, que me aconseja;
  aun de noche me reprende mi conciencia.
Siempre tengo presente al SEÑOR;
  con él a mi derecha, nada me hará caer.
Por eso mi corazón se alegra,
  y se regocijan mis entrañas.

SALMO 16:7–9

¿Está alguno de buen ánimo? Que cante alabanzas.

SANTIAGO 5:13

Pero que los justos se alegren y se regocijen;
    que estén felices y alegres delante de Dios.

SALMO 68:3

¿Por qué voy a inquietarme?
    ¿Por qué me voy a angustiar?
En Dios pondré mi esperanza,
    y todavía lo alabaré.
    ¡Él es mi Salvador y mi Dios!

SALMO 43:5

Pensamiento Devocional Sobre Las Emociones

Ya sea que se las viva como «bajón del lunes», «pesimismo de día lluvioso», «depre invernal», o sencillamente «día gris», a todos nos toca lidiar con rachas de depresión. Las mamás no escapamos a la regla.

La depresión suele definirse como el desánimo que resulta de una experiencia de pérdida o de ira interiorizada. Quienes recorremos ese valle de sombras tendemos a considerarnos anormales, y llegamos a condenar nuestros períodos pesimistas, percibiéndolos como desvíos de la fe.

Muchos psicólogos y teólogos cristianos están intentando cambiar este punto de vista negativo. A decir verdad, la vida es difícil. Cuesta adaptarse a ella. A pesar de que nuestra relación con Cristo nos fortalece de modo inconmensurable, igualmente debemos afrontar ajustes difíciles en la vida. En algunos casos, es posible que nos haga falta la ayuda de un profesional capacitado para atravesar con éxito los valles profundos.

Pero otros días haremos bien en recordar la verdad contenida en Eclesiastés 7:14: «Cuando te vengan buenos tiempos, disfrútalos; pero cuando te lleguen los malos, piensa que unos y otros son obra de Dios». Hay cincuenta y dos mañanas de lunes por año. Cuando tenga su próximo bajón del lunes, acepte el consejo del autor de Eclesiastés: deténgase y piense.

El Ánimo

Que nuestro Señor Jesucristo mismo y Dios nuestro Padre, que nos amó y por su gracia nos dio consuelo eterno y una buena esperanza, los anime y les fortalezca el corazón, para que tanto en palabra como en obra hagan todo lo que sea bueno.

2 Tesalonicenses 2:16–17

Bueno es el Señor con quienes en él confían,
    con todos los que lo buscan.

Lamentaciones 3:25

Fiel es Dios, quien los ha llamado a tener comunión con su Hijo Jesucristo, nuestro Señor.

1 Corintios 1:9

Caí, pero he de levantarme;
    vivo en tinieblas, pero el Señor es mi luz

Miqueas 7:8

Que el Dios que infunde aliento y perseverancia les conceda vivir juntos en armonía, conforme al ejemplo de Cristo Jesús, para que con un solo corazón y a una sola voz glorifiquen al Dios y Padre de nuestro Señor Jesucristo.

Romanos 15:5–6

Algo más me viene a la memoria,
    lo cual me llena de esperanza:
El gran amor del SEÑOR nunca se acaba,
    y su compasión jamás se agota.
Cada mañana se renuevan sus bondades;
    ¡muy grande es su fidelidad!

LAMENTACIONES 3:21–23

Tu amor me ha alegrado y animado mucho.

FILEMÓN 7

Alabado sea el Dios y Padre de nuestro Señor Jesucristo,
Padre misericordioso y Dios de toda consolación, quien
nos consuela en todas nuestras tribulaciones para que
con el mismo consuelo que de Dios hemos recibido,
también nosotros podamos consolar a todos los que
sufren. Pues así como participamos abundantemente en
los sufrimientos de Cristo, así también por medio de él
tenemos abundante consuelo.

2 CORINTIOS 1:3–5

Todo lo que se escribió en el pasado se escribió para
enseñarnos, a fin de que, alentados por las Escrituras,
perseveremos en mantener nuestra esperanza.

ROMANOS 15:4

EL ÁNIMO

El SEÑOR es mi roca, mi amparo, mi libertador;
es mi Dios, el peñasco en que me refugio.
SALMO 18:2

Anímense y edifíquense unos a otros.
1 TESALONICENSES 5:11

Tú, SEÑOR, me rodeas cual escudo;
    tú eres mi gloria;
        ¡tú mantienes en alto mi cabeza!
SALMO 3:3

El SEÑOR es mi fuerza y mi cántico;
    él es mi salvación.
Él es mi Dios, y lo alabaré.
ÉXODO 15:2

Encomienda al SEÑOR tus afanes,
    y él te sostendrá;
        no permitirá que el justo caiga.
SALMO 55:22

*Porque yo sé muy bien los planes que tengo para ustedes
—afirma el SEÑOR—, planes de bienestar y no de
calamidad, a fin de darles un futuro y una esperanza.*
JEREMÍAS 29:11

Cuánta falta nos hace a las mamás un refugio, un lugar donde estar a resguardo y protegidas cuando hemos fracasado. Cuando se nos acaba la última gota de control, y le gritamos a nuestro amado hijo. Cuando egoístamente rehusamos ayudar a nuestro esposo para que se las arregle él solo.

En esos momentos Dios es ese lugar seguro. Él se ha puesto a nuestra disposición para suplir nuestras necesidades dondequiera que ocurran y sean cuales sean.

¿Qué es lo que necesita hoy? ¿Perdón? ¿Esperanza? ¿Ánimo? ¿Fuerza para volver a empezar? ¿Por qué no se dirige a su refugio? Acérquese a Dios.

LA FE

La fe es la garantía de lo que se espera, la certeza de lo que no se ve.

HEBREOS 11:1

La fe viene como resultado de oír el mensaje, y el mensaje que se oye es la palabra de Cristo.

ROMANOS 10:17

Abram creyó al SEÑOR, y el SEÑOR lo reconoció a él como justo.

GÉNESIS 15:6

Fijemos la mirada en Jesús, el iniciador y perfeccionador de nuestra fe, quien por el gozo que le esperaba, soportó la cruz, menospreciando la vergüenza que ella significaba, y ahora está sentado a la derecha del trono de Dios.

HEBREOS 12:2

—Tengan fe en Dios -respondió Jesús-. Les aseguro que si alguno le dice a este monte: "Quítate de ahí y tírate al mar", creyendo, sin abrigar la menor duda de que lo que dice sucederá, lo obtendrá. Por eso les digo: Crean que ya han recibido todo lo que estén pidiendo en oración, y lo obtendrán.

MARCOS 11:22–24

Vivimos por fe, no por vista.
2 CORINTIOS 5:7

Por la fe entendemos que el universo fue formado por la palabra de Dios, de modo que lo visible no provino de lo que se ve.
HEBREOS 11:3

La fe de ustedes, que vale mucho más que el oro, al ser acrisolada por las pruebas demostrará que es digna de aprobación, gloria y honor cuando Jesucristo se revele.
1 PEDRO 1:7

Una mujer … se le acercó por detrás y le tocó el borde del manto. Pensaba: «Si al menos logro tocar su manto, quedaré sana.» Jesús se dio vuelta, la vio y le dijo:
—¡Ánimo, hija! Tu fe te ha sanado.
Y la mujer quedó sana en aquel momento.
MATEO 9:20–22

Por la fe Abraham, a pesar de su avanzada edad y de que Sara misma era estéril, recibió fuerza para tener hijos, porque consideró fiel al que le había hecho la promesa.
HEBREOS 11:11

Sin fe es imposible agradar a Dios.

HEBREOS 11:6

¡Alabado sea Dios, Padre de nuestro Señor Jesucristo! Por su gran misericordia, nos ha hecho nacer de nuevo mediante la resurrección de Jesucristo, para que tengamos una esperanza viva y recibamos una herencia indestructible, incontaminada e inmarchitable. Tal herencia está reservada en el cielo para ustedes, a quienes el poder de Dios protege mediante la fe hasta que llegue la salvación que se ha de revelar en los últimos tiempos.

1 PEDRO 1:3-5

Mas a cuantos lo recibieron, a los que creen en su nombre, les dio el derecho de ser hijos de Dios. Éstos no nacen de la sangre, ni por deseos naturales, ni por voluntad humana, sino que nacen de Dios.

JUAN 1:12-13

Por la fe Moisés, ya adulto, renunció a ser llamado hijo de la hija del faraón. Prefirió ser maltratado con el pueblo de Dios a disfrutar de los efímeros placeres del pecado. Consideró que el oprobio por causa del Mesías era una mayor riqueza que los tesoros de Egipto, porque tenía la mirada puesta en la recompensa.

HEBREOS 11:24-26

La Fe

Jesús dijo: «La voluntad de mi Padre es que todo el que reconozca al Hijo y crea en él, tenga vida eterna, y yo lo resucitaré en el día final».

Juan 6:40

Ya que hemos sido justificados mediante la fe, tenemos paz con Dios por medio de nuestro Señor Jesucristo.

Romanos 5:1

Porque por gracia ustedes han sido salvados mediante la fe; esto no procede de ustedes, sino que es el regalo de Dios, no por obras, para que nadie se jacte.

Efesios 2:8–9

Jesús dijo: «Ciertamente les aseguro que el que oye mi palabra y cree al que me envió, tiene vida eterna y no será juzgado, sino que ha pasado de la muerte a la vida».

Juan 5:24

—Yo soy el pan de vida —declaró Jesús—. El que a mí viene nunca pasará hambre, y el que en mí cree nunca más volverá a tener sed.

Juan 6:35

Esta justicia de Dios llega, mediante la fe en Jesucristo, a todos los que creen. De hecho, no hay distinción, pues todos han pecado y están privados de la gloria de Dios, pero por su gracia son justificados gratuitamente mediante la redención que Cristo Jesús efectuó.

ROMANOS 3:22–24

Si confiesas con tu boca que Jesús es el Señor, y crees en tu corazón que Dios lo levantó de entre los muertos, serás salvo. Porque con el corazón se cree para ser justificado, pero con la boca se confiesa para ser salvo.

ROMANOS 10:9–10

Las madres deben enfrentar montañas a cada rato. Pilas de ropa sucia. Montículos de puré de manzana sobre la mesa. Torres de bloques de madera. Y las alturas por conquistar de enseñarle al bebé a que deje de usar pañales. ¿Cómo hemos de responder?

Jesús nos dice que respondamos con fe. La fe hace que todo sea posible. Cuando nos rodeamos de pruebas del control de Dios sobre nuestra vida, nuestro espíritu se eleva y en general las montañas se mueven de verdad.

¿Y cuando no se mueven? Si a las 9:30 de la noche seguimos tropezando con bloques derribados cuando vamos de camino a echar otra tanda de ropa a la lavadora, ¿qué debemos hacer en ese momento? Cuando las montañas no se mueven, podemos responder con perspectiva, sabiendo que hoy estamos viviendo una temporada de vida que mañana será otra. Estas montañas pasarán ... y otras ocuparán su lugar, por ejemplo la montaña de confiar en su hijo o hija adolescente cuando va a conducir un automóvil o tiene novio o novia, o la montaña de la universidad de nuestro hijo o su carrera, así como decisiones sobre su futuro cónyuge.

Cuando las montañas no se mueven podemos aferrarnos al Dios que tiene todo bajo control, y permitirle que nos guíe durante esos días, escogiendo el sendero que rodea la montaña hasta pasar al otro lado.

65

Las Relaciones Familiares

Dejará el hombre a su padre y a su madre, y se unirá a su esposa, y los dos llegarán a ser un solo cuerpo.

Efesios 5:31

Tanto el que santifica como los que son santificados tienen un mismo origen, por lo cual Jesús no se avergüenza de llamarlos hermanos.

Hebreos 2:11

Honra a tu padre y a tu madre … para que te vaya bien y disfrutes de una larga vida en la tierra.

Efesios 6:2–3

Sobre todo, ámense los unos a los otros profundamente, porque el amor cubre multitud de pecados.

1 Pedro 4:8

Siempre que tengamos la oportunidad, hagamos bien a todos, y en especial a los de la familia de la fe.

Gálatas 6:10

Ámense los unos a los otros con amor fraternal, respetándose y honrándose mutuamente.

Romanos 12:10

LAS RELACIONES FAMILIARES

Instruye al niño en el camino correcto,
y aun en su vejez no lo abandonará.

PROVERBIOS 22:6

Mujer ejemplar, ¿dónde se hallará?
¡Es más valiosa que las piedras preciosas!
Su esposo confía plenamente en ella
y no necesita de ganancias mal habidas…
Sus hijos se levantan y la felicitan;
también su esposo la alaba:
«Muchas mujeres han realizado proezas,
pero tú las superas a todas».

PROVERBIOS 31:10–11, 28–29

*Ama al SEÑOR tu Dios con todo tu corazón y con
toda tu alma y con todas tus fuerzas. Grábate en el
corazón estas palabras que hoy te mando. Incúlcaselas
continuamente a tus hijos. Háblales de ellas cuando
estés en tu casa y cuando vayas por el camino, cuando
te acuestes y cuando te levantes. Átalas a tus manos
como un signo; llévalas en tu frente como una marca;
escríbelas en los postes de tu casa y en los portones de
tus ciudades.*

DEUTERONOMIO 6:5–9

LAS RELACIONES FAMILIARES

Jesús dijo: «Que se amen los unos a los otros. Así como yo los he amado, también ustedes deben amarse los unos a los otros».
JUAN 13:34

Que habite en ustedes la palabra de Cristo con toda su riqueza: instrúyanse y aconséjense unos a otros con toda sabiduría; canten salmos, himnos y canciones espirituales a Dios, con gratitud de corazón.
COLOSENSES 3:16

Así como cada uno de nosotros tiene un solo cuerpo con muchos miembros, y no todos estos miembros desempeñan la misma función, también nosotros, siendo muchos, formamos un solo cuerpo en Cristo, y cada miembro está unido a todos los demás.
ROMANOS 12:4–5

Como escogidos de Dios, santos y amados, revístanse de afecto entrañable y de bondad, humildad, amabilidad y paciencia, de modo que se toleren unos a otros y se perdonen si alguno tiene queja contra otro. Así como el Señor los perdonó, perdonen también ustedes. Por encima de todo, vístanse de amor, que es el vínculo perfecto.
COLOSENSES 3:12–14

PENSAMIENTO DEVOCIONAL SOBRE
LAS RELACIONES FAMILIARES

En épocas pasadas, las familias se identificaban mediante un escudo. Estos emblemas simbólicos de vínculos familiares originalmente se bordaban en un saco, y más tarde pasaron de una generación a otra en tapices y en dibujos. Representaban las características y metas sobresalientes de cierta familia o tribu. Los animales representaban cualidades como el poder o la justicia. Las flores podían representar virtudes. Ciertos colores se asociaban con los clanes y permitían que una familia fuera identificada de inmediato.

El escudo de armas familiar de antaño identificaba a las personas y lo que éstas representaban. Si usted tuviera hoy un escudo de armas para su familia, ¿qué comunicaría acerca de la suya? ¿Están entretejidos en su tapiz los frutos de amor, alegría, paz, paciencia y amabilidad? ¿Son visibles los hilos de su herencia espiritual, pasada de una generación a la otra? ¿Demuestra su familia una fe que se expresa activamente en las vidas de las personas que están a su alrededor?

Si dibujara un escudo de armas para representar los elementos que identifican a su familia, ¿cómo sería?

EL TEMOR

El SEÑOR es mi luz y mi salvación;
    ¿a quién temeré?

El SEÑOR es el baluarte de mi vida;
    ¿quién podrá amedrentarme?

SALMO 27:1

Porque él ordenará que sus ángeles
    te cuiden en todos tus caminos.
Con sus propias manos te levantarán
    para que no tropieces con piedra alguna.
Aplastarás al león y a la víbora;
    ¡hollarás fieras y serpientes!
«Yo lo libraré, porque él se acoge a mí;
    lo protegeré, porque reconoce mi nombre».

SALMO 91:11–14

Dios no nos ha dado un espíritu de timidez, sino de
poder, de amor y de dominio propio.

2 TIMOTEO 1:7

No temas, porque yo estoy contigo;
    no te angusties, porque yo soy tu Dios.
Te fortaleceré y te ayudaré;
    te sostendré con mi diestra victoriosa.

ISAÍAS 41:10

EL TEMOR

Jesús dijo: «No tengan miedo, mi rebaño pequeño, porque es la buena voluntad del Padre darles el reino».

LUCAS 12:32

El Señor es quien me ayuda; no temeré.

HEBREOS 13:6

Por la mañana, cuando el criado del hombre de Dios se levantó para salir, vio que un ejército con caballos y carros de combate rodeaba la ciudad.

—¡Ay, mi señor! -exclamó el criado-. ¿Qué vamos a hacer?

—No tengas miedo -respondió Eliseo-. Los que están con nosotros son más que ellos.

Entonces Eliseo oró: «SEÑOR, ábrele a Guiezi los ojos para que vea». El SEÑOR así lo hizo, y el criado vio que la colina estaba llena de caballos y de carros de fuego alrededor de Eliseo.

2 REYES 6:15–17

En el amor no hay temor, sino que el amor perfecto echa fuera el temor.

1 JUAN 4:18

EL TEMOR

Yo le digo al SEÑOR: «Tú eres mi refugio,
   mi fortaleza, el Dios en quien confío».
…te cubrirá con sus plumas
   y bajo sus alas hallarás refugio.
¡Su verdad será tu escudo y tu baluarte!

SALMO 91:2, 4

Dios es nuestro amparo y nuestra fortaleza,
   nuestra ayuda segura en momentos de angustia.
Por eso, no temeremos
   aunque se desmorone la tierra
   y las montañas se hundan en el fondo del mar.

SALMO 46:1–2

Podrán desfallecer mi cuerpo y mi espíritu,
   pero Dios fortalece mi corazón;
   él es mi herencia eterna.

SALMO 73:26

*El SEÑOR estará con ustedes, siempre y cuando ustedes
estén con él. Si lo buscan, él dejará que ustedes lo hallen.*

2 CRÓNICAS 15:2

*No tengan miedo … Mantengan sus posiciones, que
hoy mismo serán testigos de la salvación que el SEÑOR
realizará en favor de ustedes.*

ÉXODO 14:13

El Temor

¡Sé fuerte y valiente, y pon manos a la obra! No tengas miedo ni te desanimes, porque Dios el Señor, mi Dios, estará contigo. No te dejará ni te abandonará.

1 Crónicas 28:20

Aun cuando un ejército me asedie,
    no temerá mi corazón;
aun cuando una guerra estalle contra mí,
    yo mantendré la confianza.

Salmo 27:3

Aun si voy por valles tenebrosos,
    no temo peligro alguno

Salmo 23:4

Si Dios está de nuestra parte, ¿quién puede estar en contra nuestra?

Romanos 8:31

El Señor está conmigo, y no tengo miedo;
    ¿qué me puede hacer un simple mortal?

Salmo 118:6

Cuando siento miedo,
    pongo en ti mi confianza.

Salmo 56:3

*Jesús dijo: «La paz les dejo; mi paz les doy. Yo no se la
doy a ustedes como la da el mundo. No se angustien ni
se acobarden».*

JUAN 14:27

*Juan dijo: «Al verlo [a Cristo], caí a sus pies como
muerto; pero, poniendo su mano derecha sobre mí, me
dijo: "No tengas miedo. Yo soy el Primero y el Último, y
el que vive. Estuve muerto, pero ahora vivo por los siglos
de los siglos"».*

APOCALIPSIS 1:17–18

El SEÑOR te ha levantado el castigo,
　　ha puesto en retirada a tus enemigos.
El SEÑOR, rey de Israel, está en medio de ti:
　　nunca más temerás mal alguno.

SOFONÍAS 3:15

*Ustedes no recibieron un espíritu que de nuevo los
esclavice al miedo, sino el Espíritu que los adopta como
hijos y les permite clamar: «¡Abba! ¡Padre!» El Espíritu
mismo le asegura a nuestro espíritu que somos hijos de
Dios.*

ROMANOS 8:15–16

PENSAMIENTO DEVOCIONAL SOBRE
EL TEMOR

Deberíamos estar agradecidos por cierta clase de temores. Cuando un ruido nos despierta de noche, el temor nos lleva a asegurarnos de que los niños estén bien en sus camas. El temor nos hace agarrar a un niñito que se dirige hacia la calle.

Hay cierto tipo de temor que es saludable y proporciona protección. Pero cuando el temor pasa a ocupar el centro de nuestra vida, dictando nuestras acciones o falta de ellas, deja de ser una ayuda, y se vuelve un impedimento para nuestro crecimiento. Cuando nos encerramos en nuestra casa, aislando a nuestra familia del «daño» que hay en el mundo, también la separamos de la interacción de la vida, así como del bien potencial que pudiera realizar en un mundo necesitado del amor de Cristo.

¿En qué bando se ubica su temor? ¿Le sirve para bien, protegiéndola del peligro? ¿O acaso les frena a usted y a su familia, impidiéndoles alcanzar el potencial que Dios les asignó?

EL PERDÓN

Ustedes estaban muertos en sus pecados. Sin embargo,
Dios nos dio vida en unión con Cristo, al perdonarnos
todos los pecados y anular la deuda que teníamos pen-
diente por los requisitos de la ley. Él anuló esa deuda
que nos era adversa, clavándola en la cruz.

COLOSENSES 2:13–14

Tan lejos de nosotros echó nuestras transgresiones
    como lejos del oriente está el occidente.

SALMO 103:12

«Los purificaré de todas las iniquidades que cometieron
contra mí; les perdonaré todos los pecados con que se
rebelaron contra mí», dice el SEÑOR.

JEREMÍAS 33:8

[...] de modo que se toleren unos a otros y se perdonen si
alguno tiene queja contra otro. Así como el Señor los
perdonó, perdonen también ustedes.

COLOSENSES 3:13

Vengan, pongamos las cosas en claro
    -dice el SEÑOR-.
¿Son sus pecados como escarlata?
    ¡Quedarán blancos como la nieve!

¿Son rojos como la púrpura?
    ¡Quedarán como la lana!

ISAÍAS 1:18

En Cristo, Dios estaba reconciliando al mundo consigo
mismo, no tomándole en cuenta sus pecados y encar-
gándonos a nosotros el mensaje de la reconciliación.

2 CORINTIOS 5:19

«Yo soy el que por amor a mí mismo
    borra tus transgresiones
    y no se acuerda más de tus pecados»,
    dice el Señor.

ISAÍAS 43:25

Dichoso aquel
    a quien se le perdonan sus transgresiones,
    a quien se le borran sus pecados.
Dichoso aquel
    a quien el SEÑOR no toma en cuenta su maldad
    y en cuyo espíritu no hay engaño.

SALMO 32:1–2

Pedro se acercó a Jesús y le preguntó:
—Señor, ¿cuántas veces tengo que perdonar a mi her-
mano que peca contra mí? ¿Hasta siete veces?

EL PERDÓN

—*No te digo que hasta siete veces, sino hasta setenta y siete veces -le contestó Jesús-.*

MATEO 18:21–22

En él tenemos la redención mediante su sangre, el perdón de nuestros pecados, conforme a las riquezas de la gracia que Dios nos dio en abundancia con toda sabiduría y entendimiento

EFESIOS 1:7–8

Él nos libró del dominio de la oscuridad y nos trasladó al reino de su amado Hijo, en quien tenemos redención, el perdón de pecados.

COLOSENSES 1:13–14

Tú, Señor, eres bueno y perdonador;
    grande es tu amor por todos los que te invocan.

SALMO 86:5

La sangre de su Hijo Jesucristo nos limpia de todo pecado. Si afirmamos que no tenemos pecado, nos engañamos a nosotros mismos y no tenemos la verdad. Si confesamos nuestros pecados, Dios, que es fiel y justo, nos los perdonará y nos limpiará de toda maldad.

1 JUAN 1:7–9

EL PERDÓN

---

*[Señor], eres lento para la ira y grande en amor, y ...
perdonas la maldad y la rebeldía.*

NÚMEROS 14:18

*Perdónanos nuestras deudas, como también nosotros
hemos perdonado a nuestros deudores. Y no nos dejes
caer en tentación, sino líbranos del maligno.*

MATEO 6:12–13

Nuestros delitos nos abruman,
        pero tú los perdonaste.

SALMO 65:3

*Porque si perdonan a otros sus ofensas, también los per-
donará a ustedes su Padre celestial. Pero si no perdonan
a otros sus ofensas, tampoco su Padre les perdonará a
ustedes las suyas.*

MATEO 6:14–15

Dios los perdonó a ustedes en Cristo.

EFESIOS 4:32

*«Si mi pueblo, que lleva mi nombre, se humilla y ora, y
me busca y abandona su mala conducta, yo lo escucharé
desde el cielo, perdonaré su pecado y restauraré su tierra»,
dice el Señor.*

2 CRÓNICAS 7:14

EL PERDÓN

Eres Dios perdonador, clemente y compasivo, lento para la ira y grande en amor.
NEHEMÍAS 9:17

Si alguno ha causado tristeza … Para él es suficiente el castigo que le impuso la mayoría. Más bien debieran perdonarlo y consolarlo para que no sea consumido por la excesiva tristeza. Por eso les ruego que reafirmen su amor hacia él
2 CORINTIOS 2:5–8

A Dios le agradó habitar en él con toda su plenitud y, por medio de él, reconciliar consigo todas las cosas, tanto las que están en la tierra como las que están en el cielo, haciendo la paz mediante la sangre que derramó en la cruz.
COLOSENSES 1:19–20

Pensamiento Devocional Sobre
El Perdón

Cuando nos han hecho daño, resulta bastante difícil desarrollar sentimientos de amor hacia la persona que nos ha ofendido. Cuando nuestro hijo llega a casa dos horas después de cenar, no suele haber palabras afectuosas en nuestra lista de respuestas inmediatas. Cuando nuestro esposo mete la pata en una fiesta y nos insulta, lo más probable es que no vea una expresión de amor reflejada en nuestro rostro.

Si bien la defensa puede ser un modo de lidiar con el dolor, el perdón es un método que promete mejor sanidad. Se lleva a cabo de esta forma:

- *Incluya el amor en la lista de alternativas para lidiar con las heridas.* El amor no fluirá de modo natural después de una ofensa. Es necesario que tomemos la decisión de amar.

- *Observe por parte a las personas.* Intente aislar de la persona que los cometió el incidente y la acción. Mire más allá del acto, y vea las necesidades de esa persona.

- *Recuerde cuánto hemos necesitado que se nos perdone a nosotros.* Al repasar nuestros errores es posible que los de otros no nos parezcan tan malos.

Pablo le pidió a Filemón no solo que recibiera a Onésimo, el esclavo que se había escapado, sino que lo amara como si fuera de su propia familia. Aunque quizá no sea la respuesta más natural que le sigue a una ofensa, el amor es el que mejor sana.

L A   A M I S T A D

Más valen dos que uno,
>   porque obtienen más fruto de su esfuerzo.
Si caen, el uno levanta al otro.
>   ¡Ay del que cae
>   y no tiene quien lo levante!
Si dos se acuestan juntos,
>   entrarán en calor;
>   uno solo ¿cómo va a calentarse?
Uno solo puede ser vencido,
>   pero dos pueden resistir.
¡La cuerda de tres hilos
>   no se rompe fácilmente!

ECLESIASTÉS 4:9–12

Hay amigos que llevan a la ruina,
>   y hay amigos más fieles que un hermano.

PROVERBIOS 18:24

Más confiable es el amigo que hiere
>   que el enemigo que besa.

PROVERBIOS 27:6

El perfume y el incienso alegran el corazón;
>   la dulzura de la amistad fortalece el ánimo.

PROVERBIOS 27:9

LA AMISTAD

Ámense los unos a los otros con amor fraternal, respetándose y honrándose mutuamente.
ROMANOS 12:10

Si vivimos en la luz, así como [Cristo] está en la luz, tenemos comunión unos con otros.
1 JUAN 1:7

Aunque uno se aparte del temor al Todopoderoso,
el amigo no le niega su lealtad.
JOB 6:14

Jesús dijo: «Nadie tiene amor más grande que el dar la vida por sus amigos. Ustedes son mis amigos si hacen lo que yo les mando. Ya no los llamo siervos, porque el siervo no está al tanto de lo que hace su amo; los he llamado amigos, porque todo lo que a mi Padre le oí decir se lo he dado a conocer a ustedes».
JUAN 15:13–15

En todo tiempo ama el amigo;
para ayudar en la adversidad nació el hermano.
PROVERBIOS 17:17

Mi intercesor es mi amigo,
y ante él me deshago en lágrimas
JOB 16:20

No tengan deudas pendientes con nadie, a no ser la de amarse unos a otros.

ROMANOS 13:8

[...] que se mantengan unidos en un mismo pensar y en un mismo propósito.

1 CORINTIOS 1:10

El que ama la pureza de corazón y tiene gracia al hablar
    tendrá por amigo al rey.

PROVERBIOS 22:11

Rut le dijo a Noemí: «Porque iré adonde tú vayas, y viviré donde tú vivas. Tu pueblo será mi pueblo, y tu Dios será mi Dios. Moriré donde tú mueras, y allí seré sepultada. ¡Que me castigue el SEÑOR con toda severidad si me separa de ti algo que no sea la muerte!»

RUT 1:16–17

Pensamiento Devocional Sobre
La Amistad

Un hongo puede aparecer de la noche a la mañana. A un roble, en cambio, le lleva años madurar hasta alcanzar su pleno tamaño. Echemos una mirada a las amistades que tenemos en nuestra vida. ¿Brotaron como hongos o maduraron como robles?

La intimidad -intimidad genuina- no es inmediata. Nosotros tenemos la expectativa de que así es. El mundo que nos rodea nos dice que sí lo es. Los solteros entran en un bar, y salen ya con una pareja. Hay conocidos que se pasan datos estadísticos sobre edades y destrezas de los hijos y suponen que han establecido un contacto.

Las amistades hongo no exigen mucha inversión. Acampamos sobre terreno común, disfrutamos de la intimidad instantánea que surge, y luego, cuando se acaba, nos trasladamos a otro sitio. Pero las amistades roble solo se desarrollan con una inversión mayor. Tiempo, disponibilidad, vulnerabilidad, riesgo, espontaneidad... estos son los ingredientes que fertilizan las amistades roble.

¿Estamos desarrollando amistades hongo o amistades roble? Es posible que nos haga falta un poco de cada una. Pero solo lograremos el valor perdurable de una amistad roble si estamos dispuestos a invertir en nuestras amistades.

EL CHISME

Sin leña se apaga el fuego;
   sin chismes se acaba el pleito.

PROVERBIOS 26:20

Sean, pues, aceptables ante ti
   mis palabras y mis pensamientos,
   oh SEÑOR, roca mía y redentor mío.

SALMO 19:14

El chismoso divide a los buenos amigos.

PROVERBIOS 16:28

El charlatán hiere con la lengua como con una espada,
   pero la lengua del sabio brinda alivio.

PROVERBIOS 12:18

El chismoso traiciona la confianza;
   no te juntes con la gente que habla de más.

PROVERBIOS 20:19

La gente confiable es discreta.

PROVERBIOS 11:13

Eviten toda conversación obscena.

EFESIOS 4:29

EL CHISME

En todo traten ustedes a los demás tal y como quieren
que ellos los traten a ustedes.
MATEO 7:12

El que perdona la ofensa cultiva el amor;
    el que insiste en la ofensa divide a los amigos.
PROVERBIOS 17:9

Los labios sinceros permanecen para siempre,
    pero la lengua mentirosa dura sólo un instante.
En los que fraguan el mal habita el engaño,
    pero hay gozo para los que promueven la paz.
Al justo no le sobrevendrá ningún daño,
    pero al malvado lo cubrirá la desgracia.
El SEÑOR aborrece a los de labios mentirosos,
    pero se complace en los que actúan con lealtad.
PROVERBIOS 12:19–22

El que refrena su boca y su lengua
    se libra de muchas angustias.
PROVERBIOS 21:23

El que mucho habla, mucho yerra;
    el que es sabio refrena su lengua.
PROVERBIOS 10:19

EL CHISME

La lengua que brinda consuelo es árbol de vida;
   la lengua insidiosa deprime el espíritu.

PROVERBIOS 15:4

Den a todos el debido respeto: amen a los hermanos.

1 PEDRO 2:17

El que habla, hágalo como quien expresa las palabras
mismas de Dios.

1 PEDRO 4:11

Pensamiento Devocional Sobre
El Chisme

La lengua suele ser el músculo que está en peor estado físico. Así como hacer aeróbicos y correr es bueno para el cuerpo y el alma, una práctica vitalicia de ejercicio para la lengua logrará que ese músculo también alcance un estado óptimo.

Haga primeramente una tabla de su ritmo actual de deslices de lengua. Usted sabe a lo que me refiero: esos comentarios crueles o sarcásticos que, en vez de edificar, tienen como fin derribar. ¿Todavía no lo entiende con claridad? Pues, véalo de esta manera: Un desliz de la lengua es cualquier cosa que usted no diría en presencia de Jesús.

¿Entre uno y dos deslices por hora de conversación? Su estado es bastante bueno, aunque igualmente pudiera beneficiarla un programa diario de ejercicio. Desarrolle la costumbre de pensar antes de hablar, y luego pida perdón por sus metidas de pata.

¿Cuatro a ocho deslices por hora? ¡Epa! Le hace falta revisar las actitudes de su corazón. ¿Avara? ¿Crítica? ¿Impaciente? Es probable. Quizá le vendría bien una sesión de confesiones para limpiar el corazón.

¿Más de ocho deslices por hora? ¡Ahhh! Es como para alarmarse. Le hace falta asistencia diaria a un programa de ejercicios para lograr la oración y el apoyo que necesita para modificar su hábito.

Hágase socia vitalicia de un programa de ejercicio para la lengua. Le irá mejor al hacerlo y también les irá mejor a los que la rodean.

Como palmeras florecen los justos;
    como cedros del Líbano crecen.
Plantados en la casa del SEÑOR,
    florecen en los atrios de nuestro Dios.
Aun en su vejez, darán fruto;
    siempre estarán vigorosos y lozanos.
SALMO 92:12-14

Que vivas para ver a los hijos de tus hijos.
SALMO 128:6

La corona del anciano son sus nietos;
    el orgullo de los hijos son sus padres.
PROVERBIOS 17:6

El amor del SEÑOR es eterno
    y siempre está con los que le temen;
su justicia está con los hijos de sus hijos,
    con los que cumplen su pacto
y se acuerdan de sus preceptos
    para ponerlos por obra.
SALMO 103:17-18

Las canas son una honrosa corona
    que se obtiene en el camino de la justicia.
PROVERBIOS 16:31

LOS ABUELOS

El temor del SEÑOR es un baluarte seguro
que sirve de refugio a los hijos.

PROVERBIOS 14:26

«Aun en la vejez, cuando ya peinen canas,
yo seré el mismo, yo los sostendré»,
dice el Señor.
«Yo los hice, y cuidaré de ustedes;
los sostendré y los libraré.»

ISAÍAS 46:4

Entre los ancianos se halla la sabiduría;
en los muchos años, el entendimiento.

JOB 12:12

Mis labios pronunciarán parábolas
y evocarán misterios de antaño,
cosas que hemos oído y conocido,
y que nuestros padres nos han contado.
No las esconderemos de sus descendientes;
hablaremos a la generación venidera
del poder del SEÑOR, de sus proezas,
y de las maravillas que ha realizado.

SALMO 78:2–4

LOS ABUELOS

La gloria de los jóvenes radica en su fuerza;
　　la honra de los ancianos, en sus canas.

PROVERBIOS 20:29

Aun cuando sea yo anciano y peine canas,
　　no me abandones, oh Dios,
hasta que anuncie tu poder
　　a la generación venidera,
y dé a conocer tus proezas
　　a los que aún no han nacido.

SALMO 71:18

[Las ancianas deben] aconsejar a las jóvenes a amar a
sus esposos y a sus hijos.

TITO 2:4

PENSAMIENTO DEVOCIONAL SOBRE
LOS ABUELOS

Regazos receptivos y listos para mirar los dibujitos animados después de la siesta. Ojos atentos a volteretas laterales y vueltas al carnero en el jardín de la casa. Cabezas que se echan hacia atrás riendo durante sesiones de cosquillas. Cheques escondidos en tarjetas de cumpleaños. Juegos de mesa sobre superficies aún pegajosas después de hornear delicias para las fiestas. Caminatas tomados de la mano, caminando por las hojas en el parque. Varias bolitas de helado apiladas sobre un cucurucho, y lenguas saboreándolas al unísono sobre un banco al aire libre. Manos arrugadas que se apoyan en las teclas de un piano mientras otros se arriman para escuchar.

Abuelos. Todos aportan una ofrenda que ningún otro puede duplicar. Una ofrenda de sabiduría que viene de su experiencia de toda una vida. Una ofrenda de paciencia forjada mediante las pruebas. Una ofrenda de risa aprendida al sacar el mayor provecho tanto de los tiempos de prosperidad como de escasez.

Ciertamente, "aun en su vejez, darán fruto", y "siempre estarán vigorosos y lozanos".

El SEÑOR te guiará siempre;
>   te saciará en tierras resecas,
>   y fortalecerá tus huesos.
Serás como jardín bien regado,
>   como manantial cuyas aguas no se agotan.

ISAÍAS 58:11

¡Este Dios es nuestro Dios eterno!
>   ¡Él nos guiará para siempre!

SALMO 48:14

Confía en el SEÑOR de todo corazón,
>   y no en tu propia inteligencia.
Reconócelo en todos tus caminos,
>   y él allanará tus sendas.

PROVERBIOS 3:5–6

Así dice el SEÑOR,
>   tu Redentor, el Santo de Israel:
«Yo soy el SEÑOR tu Dios,
>   que te enseña lo que te conviene,
>   que te guía por el camino en que debes andar».

ISAÍAS 48:17

LA GUÍA

Obedece el mandamiento de tu padre
    y no abandones la enseñanza de tu madre.
Grábatelos en el corazón;
    cuélgatelos al cuello.
Cuando camines, te servirán de guía;
    cuando duermas, vigilarán tu sueño;
    cuando despiertes, hablarán contigo.
El mandamiento es una lámpara,
    la enseñanza es una luz
    y la disciplina es el camino a la vida.

PROVERBIOS 6:20–23

Guíame, pues eres mi roca y mi fortaleza,
    dirígeme por amor a tu nombre.

SALMO 31:3

Si a alguno de ustedes le falta sabiduría, pídasela a Dios,
y él se la dará, pues Dios da a todos generosamente sin
menospreciar a nadie.

SANTIAGO 1:5

Pon en manos del SEÑOR todas tus obras,
    y tus proyectos se cumplirán.

PROVERBIOS 16:3

LA GUÍA

*Yo sé muy bien los planes que tengo para ustedes —
afirma el SEÑOR—, planes de bienestar y no de
calamidad, a fin de darles un futuro y una esperanza.*
JEREMÍAS 29:11

Él cuida el sendero de los justos
  y protege el camino de sus fieles.
PROVERBIOS 2:8

SEÑOR, hazme conocer tus caminos;
  muéstrame tus sendas.
Encamíname en tu verdad, ¡enséñame!
  Tú eres mi Dios y Salvador;
  ¡en ti pongo mi esperanza todo el día!
SALMO 25:4–5

*Jesús dijo: «Pero cuando venga el Espíritu de la verdad,
él los guiará a toda la verdad, porque no hablará por su
propia cuenta sino que dirá sólo lo que oiga y les anun-
ciará las cosas por venir».*
JUAN 16:13

Por tu gran amor guías al pueblo que has rescatado;
  por tu fuerza los llevas a tu santa morada.
ÉXODO 15:13

LA GUÍA

El SEÑOR dice:

«Yo te instruiré,

yo te mostraré el camino que debes seguir;

yo te daré consejos y velaré por ti».

SALMO 32:8

Examíname, oh Dios, y sondea mi corazón;

ponme a prueba y sondea mis pensamientos.

Fíjate si voy por mal camino,

y guíame por el camino eterno.

SALMO 139:23–24

Ya sea que te desvíes a la derecha o a la izquierda, tus oídos percibirán a tus espaldas una voz que te dirá: «Éste es el camino; síguelo».

ISAÍAS 30:21

«Yo te guío por el camino de la sabiduría,

te dirijo por sendas de rectitud.

Cuando camines, no encontrarás obstáculos;

cuando corras, no tropezarás», dice el Señor.

PROVERBIOS 4:11–12

Al necio le parece bien lo que emprende,

pero el sabio atiende al consejo.

PROVERBIOS 12:15

¡Vengan, subamos al monte del SEÑOR,
    a la casa del Dios de Jacob!,
para que nos enseñe sus caminos
    y andemos por sus sendas.

ISAÍAS 2:3

Así dice el SEÑOR:
«Deténganse en los caminos y miren;
    pregunten por los senderos antiguos.
Pregunten por el buen camino,
    y no se aparten de él.
    Así hallarán el descanso anhelado».

JEREMÍAS 6:16

Enséñame a hacer tu voluntad,
    porque tú eres mi Dios.
Que tu buen Espíritu me guíe
    por un terreno sin obstáculos.

SALMO 143:10

Pensamiento Devocional Sobre La Guía

Dios permite que nosotros —sus hijos— le entreguemos nuestras cargas y pesares. Para tales momentos sugiero una oración que contiene cuatro peticiones:

1. Amado Señor, muéstrame los recursos que tengo.

2. ¿Cuáles son mis alternativas en esta situación?

3. Guíame a la mejor opción. Revélame por qué la debo escoger.

4. Confío en que me mostrarás cuál debe ser mi siguiente paso. Gracias por tu inagotable amabilidad.

La vida involucra una serie de decisiones. Como la toma de decisiones constituye una parte tan rutinaria de la vida, a veces me olvido de que cada rumbo de acción que escojo afecta a algún imitador joven. Descubro que con frecuencia vivo aplicando el método de prueba y error, cuando en cambio me hace falta aprender a vivir confiando en Dios. La vida diestra empieza oyendo —y obedeciendo— los mandamientos de Dios.

LA VIDA SALUDABLE

Una mirada radiante alegra el corazón,
   y las buenas noticias renuevan las fuerzas.

PROVERBIOS 15:30

*Lo que comemos no nos acerca a Dios; no somos mejores
por comer ni peores por no comer. Sin embargo, tengan
cuidado de que su libertad no se convierta en motivo de
tropiezo para los débiles.*

1 CORINTIOS 8:8–9

*El reino de Dios no es cuestión de comidas o bebidas
sino de justicia, paz y alegría en el Espíritu Santo.*

ROMANOS 14:17

*Ejercítate en la piedad, pues aunque el ejercicio físico
trae algún provecho, la piedad es útil para todo, ya que
incluye una promesa no sólo para la vida presente sino
también para la venidera.*

1 TIMOTEO 4:7–8

*El que sólo se alimenta de leche es inexperto en el mensaje
de justicia; es como un niño de pecho. En cambio, el alimento sólido es para los adultos, para los que tienen la
capacidad de distinguir entre lo bueno y lo malo.*

HEBREOS 5:13–14

LA VIDA SALUDABLE

[Dios] nos enseña a rechazar la impiedad y las pasiones mundanas. Así podremos vivir en este mundo con justicia, piedad y dominio propio.

TITO 2:12

Sigo avanzando hacia la meta para ganar el premio que Dios ofrece mediante su llamamiento celestial en Cristo Jesús.

FILIPENSES 3:14

Por tanto, también nosotros, que estamos rodeados de una multitud tan grande de testigos, despojémonos del lastre que nos estorba, en especial del pecado que nos asedia, y corramos con perseverancia la carrera que tenemos por delante. Fijemos la mirada en Jesús, el iniciador y perfeccionador de nuestra fe.

HEBREOS 12:1–2

¡Que tengan salud y paz tú y tu familia, y todo lo que te pertenece!

1 SAMUEL 25:6

Confía en el SEÑOR de todo corazón,
    y no en tu propia inteligencia.
Reconócelo en todos tus caminos,
    y él allanará tus sendas.

No seas sabio en tu propia opinión;
     más bien, teme al SEÑOR y huye del mal.
Esto infundirá salud a tu cuerpo
     y fortalecerá tu ser.

PROVERBIOS 3:5–8

Por sobre todas las cosas cuida tu corazón,
     porque de él mana la vida.

PROVERBIOS 4:23

¿Acaso no saben que su cuerpo es templo del Espíritu Santo,
quien está en ustedes y al que han recibido de parte de
Dios? Ustedes no son sus propios dueños; fueron comprados
por un precio. Por tanto, honren con su cuerpo a Dios.

1 CORINTIOS 6:19–20

[La sabiduría] es árbol de vida para quienes la abrazan;
     ¡dichosos los que la retienen!

PROVERBIOS 3:18

Que Dios mismo, el Dios de paz, los santifique por com-
pleto, y conserve todo su ser —espíritu, alma y cuerpo—
irreprochable para la venida de nuestro Señor Jesucristo.

1 TESALONICENSES 5:23

El corazón tranquilo da vida al cuerpo.

PROVERBIOS 14:30

Los expertos promocionan a sabiendas los beneficios del buen estado físico sobre el bienestar general. En pocas palabras, cuando estamos fuera de estado no nos sentimos bien y nos cansamos con facilidad.

La pausa que necesitan muchas mamás es sencillamente una caminata alrededor de la manzana para sentir aire fresco y hacer que fluya la sangre. A algunas madres les hace falta una nutrición más adecuada… algo mejor que las sobras de emparedados de mantequilla de cacahuate con jalea y cereal seco. A otras les hace falta una siesta de media hora.

Si bien a veces resulta casi imposible hacer esa pausa tan necesaria, podemos aprender a aprovechar esos momentos raros que se nos presentan cada tanto. Podemos levantarnos temprano y salir a correr mientras nuestro marido está en casa. Podemos hacer un intercambio de cuidado de hijos con alguna amiga y salir a caminar por el barrio. Los fines de semana constituyen un buen momento para iniciar un hábito y extenderlo hasta la semana siguiente.

Para muchas de nosotras, que tenemos los horarios abarrotados de actividades, el estado físico es lo primero que queda de lado. Nos parece que nadie lo notará. Es un error. Aunque por fuera no se note la falta de amor hacia nuestro cuerpo, el interior sufre. Y a la larga, el daño saldrá a la luz en forma de impaciencia, irritabilidad y malhumor generalizados. Si una mujer no se siente bien con respecto a sí misma es menos probable que trate a otros con bondad.

LA HOSPITALIDAD

Entonces dirá el Rey a los que estén a su derecha: «Vengan ustedes, a quienes mi Padre ha bendecido; reciban su herencia, el reino preparado para ustedes desde la creación del mundo. Porque tuve hambre, y ustedes me dieron de comer; tuve sed, y me dieron de beber; fui forastero, y me dieron alojamiento; necesité ropa, y me vistieron; estuve enfermo, y me atendieron; estuve en la cárcel, y me visitaron». Y le contestarán los justos: «Señor, ¿cuándo te vimos hambriento y te alimentamos, o sediento y te dimos de beber? ¿Cuándo te vimos como forastero y te dimos alojamiento, o necesitado de ropa y te vestimos? ¿Cuándo te vimos enfermo o en la cárcel y te visitamos?» El Rey les responderá: «Les aseguro que todo lo que hicieron por uno de mis hermanos, aun por el más pequeño, lo hicieron por mí».

MATEO 25:34–40

Ayuden a los hermanos necesitados. Practiquen la hospitalidad.

ROMANOS 12:13

«El ayuno que he escogido,
¿no es más bien romper las cadenas de injusticia
        y desatar las correas del yugo,
poner en libertad a los oprimidos
        y romper toda atadura?

La Hospitalidad

¿No es acaso el ayuno compartir
    tu pan con el hambriento
    y dar refugio a los pobres sin techo,
vestir al desnudo
    y no dejar de lado a tus semejantes?
Si así procedes,
    tu luz despuntará como la aurora,
    y al instante llegará tu sanidad;
tu justicia te abrirá el camino,
    y la gloria del Señor te seguirá», declara el Señor.

Isaías 58:6–8

También dijo Jesús al que lo había invitado:
—Cuando des una comida o una cena, no invites a tus
amigos, ni a tus hermanos, ni a tus parientes, ni a tus
vecinos ricos; no sea que ellos, a su vez, te inviten y así
seas recompensado. Más bien, cuando des un banquete,
invita a los pobres, a los inválidos, a los cojos y a los cie-
gos. Entonces serás dichoso, pues aunque ellos no tienen
con qué recompensarte, serás recompensado en la resu-
rrección de los justos.

Lucas 14:12–14

Debe ser hospitalario, amigo del bien, sensato, justo,
santo y disciplinado.

Tito 1:8

No se olviden de practicar la hospitalidad, pues gracias a ella algunos, sin saberlo, hospedaron ángeles.

HEBREOS 13:2

Abraham alzó la vista, y vio a tres hombres de pie cerca de él. Al verlos, corrió desde la entrada de la carpa a saludarlos. Inclinándose hasta el suelo, dijo:
—Mi señor, si este servidor suyo cuenta con su favor, le ruego que no me pase de largo. Haré que les traigan un poco de agua para que ustedes se laven los pies, y luego podrán descansar bajo el árbol. Ya que han pasado por donde está su servidor, déjenme traerles algo de comer para que se sientan mejor antes de seguir su camino.
—¡Está bien —respondieron ellos—, hazlo así!

GÉNESIS 18:2–5

Practiquen la hospitalidad entre ustedes sin quejarse … El que presta algún servicio, hágalo como quien tiene el poder de Dios. Así Dios será en todo alabado por medio de Jesucristo.

1 PEDRO 4:9, 11

No se olviden de hacer el bien y de compartir con otros lo que tienen, porque ésos son los sacrificios que agradan a Dios.

HEBREOS 13:16

Pensamiento Devocional Sobre La Hospitalidad

Aún no hemos terminado de pintar. No nos alcanzan las sillas. No sabemos qué decirle a la gente. Y sin embargo, tenemos todo lo necesario para ser hospitalarias.

Tendemos a ver la hospitalidad como una especie de aprobación/fracaso de nuestra actuación. Cuando alguien nos invita a su casa, sentimos la necesidad de devolver la invitación… pero superándola. En realidad, la hospitalidad genuina, lejos de ser una exhibición detallada de posesiones bellas, alimentos extravagantes o conversación talentosa, es más bien darle a otra persona parte de nosotros mismos y de lo que es nuestro: nuestro hogar, nuestra familia, nuestra personalidad, nuestro sofá, que está hundido, y nuestra vajilla de piezas sueltas, el mantel hecho a mano, que heredamos de la abuela, nuestras latas de sopa y las historias preciadas de nuestras propias tradiciones.

Al fin y al cabo, la gente está más cómoda en un sitio donde se puede sentir como en casa. Es mejor un invitado alegre que nota el polvo y los platos cascados de nuestra casa, pero que se siente verdaderamente a gusto, que un invitado que no deja de elogiar nuestro bello hogar, pero por dentro solo se siente inadecuado al hacer comparaciones.

Mantengamos la sencillez. La hospitalidad auténtica es darles a otros algo de nosotros y de lo que es nuestro.

EL GOZO

Que el Dios de la esperanza los llene de toda alegría y paz a ustedes que creen en él, para que rebosen de esperanza por el poder del Espíritu Santo.

ROMANOS 15:13

La luz se esparce sobre los justos,
   y la alegría sobre los rectos de corazón.

SALMO 97:11

Pondrá de nuevo risas en tu boca,
   y gritos de alegría en tus labios.

JOB 8:21

Porque sólo un instante dura su enojo,
   pero toda una vida su bondad.
Si por la noche hay llanto,
   por la mañana habrá gritos de alegría.

SALMO 30:5

¡Alégrense, ustedes los justos;
   regocíjense en el SEÑOR!
¡canten todos ustedes,
   los rectos de corazón!

SALMO 32:11

Que todos los que te buscan
   se alegren en ti y se regocijen;

EL GOZO

que los que aman tu salvación digan siempre:
«¡Sea Dios exaltado!»

SALMO 70:4

Volverán los rescatados del SEÑOR,
y entrarán en Sión con cánticos de júbilo;
su corona será el gozo eterno.
Se llenarán de regocijo y alegría,
y se apartarán de ellos el dolor y los gemidos.

ISAÍAS 51:11

Pero que se alegren todos los que en ti buscan refugio;
¡que canten siempre jubilosos!
Extiende tu protección, y que en ti se regocijen
todos los que aman tu nombre.

SALMO 5:11

Aclamen alegres al SEÑOR, habitantes de toda la tierra;
adoren al SEÑOR con regocijo.
Preséntense ante él
con cánticos de júbilo.

SALMO 100:1–2

Me regocijo en el camino de tus estatutos
más que en todas las riquezas.

SALMO 119:14

EL GOZO

El que con lágrimas siembra,
   con regocijo cosecha.

SALMO 126:5

El futuro de los justos es halagüeño.

PROVERBIOS 10:28

Ustedes saldrán con alegría
   y serán guiados en paz.
A su paso, las montañas y las colinas
   prorrumpirán en gritos de júbilo
   y aplaudirán todos los árboles del bosque.

ISAÍAS 55:12

Regocíjense en el SEÑOR su Dios,
   que a su tiempo les dará las lluvias de otoño.
Les enviará la lluvia,
   la de otoño y la de primavera,
   como en tiempos pasados.

JOEL 2:23

*Jesús dijo: «Hasta ahora no han pedido nada en mi
nombre. Pidan y recibirán, para que su alegría sea
completa».*

JUAN 16:24

Considérense muy dichosos cuando tengan que enfrentarse con diversas pruebas, pues ya saben que la prueba de su fe produce constancia.

SANTIAGO 1:2–3

El reino de Dios ... es ... justicia, paz y alegría en el Espíritu Santo.

ROMANOS 14:17

Alégrense siempre en el Señor. Insisto: ¡Alégrense!

FILIPENSES 4:4

El gozo del Señor es nuestra fortaleza.

NEHEMÍAS 8:10

El SEÑOR ha hecho grandes cosas por nosotros,
    y eso nos llena de alegría.

SALMO 126:3

Dichosos ustedes cuando los odien, cuando los discriminen, los insulten y los desprestigien por causa del Hijo del hombre. Alégrense en aquel día y salten de gozo, pues miren que les espera una gran recompensa en el cielo. Dense cuenta de que los antepasados de esta gente trataron así a los profetas.

LUCAS 6:22–23

El Gozo

Me has dado a conocer la senda de la vida;
    me llenarás de alegría en tu presencia,
    y de dicha eterna a tu derecha.

Salmo 16:11

Los preceptos del Señor son rectos:
    traen alegría al corazón.
El mandamiento del Señor es claro:
    da luz a los ojos.

Salmo 19:8

Tus estatutos son mi herencia permanente;
    son el regocijo de mi corazón.

Salmo 119:111

Esperamos confiados en el Señor;
    él es nuestro socorro y nuestro escudo.
En él se regocija nuestro corazón,
    porque confiamos en su santo nombre.

Salmo 33:20–21

Me deleito mucho en el Señor;
    me regocijo en mi Dios.

Porque él me vistió con ropas de salvación.
ISAÍAS 61:10

Ana elevó esta oración: «Mi corazón se alegra en el SEÑOR; en él radica mi poder».
1 SAMUEL 2:1

Dijo María: «Mi alma glorifica al Señor, y mi espíritu se regocija en Dios mi Salvador».
LUCAS 1:46–47

Ustedes … creen en él y se alegran con un gozo indescriptible y glorioso.
1 PEDRO 1:8

Alegrémonos y regocijémonos y démosle gloria! Ya ha llegado el día de las bodas del Cordero. Su novia se ha preparado.
APOCALIPSIS 19:7

Alégrense de tener parte en los sufrimientos de Cristo, para que también sea inmensa su alegría cuando se revele la gloria de Cristo.
1 PEDRO 4:13

Te alegrarás ante el SEÑOR tu Dios por los logros de tu trabajo.

DEUTERONOMIO 12:18

¡Al único Dios, nuestro Salvador, que puede guardarlos para que no caigan, y establecerlos sin tacha y con gran alegría ante su gloriosa presencia, sea la gloria, la majestad, el dominio y la autoridad, por medio de Jesucristo nuestro Señor, antes de todos los siglos, ahora y para siempre!

JUDAS 24–25

Nada me produce más alegría que oír que mis hijos practican la verdad.

3 JUAN 4

PENSAMIENTO DEVOCIONAL SOBRE
EL GOZO

El filósofo Friedrich Nietzsche criticó cierta vez a los cristianos diciendo: «Creería en su salvación si se parecieran un poco más a gente que ha sido salvada».

El gozo es algo más que felicidad. En inglés, la palabra felicidad [happiness] se deriva de la raíz hap que significa «casualidad o azar». La felicidad es circunstancial, pero el gozo, no. El gozo es una confianza inquebrantable en las verdades de Dios a pesar de las circunstancias. Cuando nuestros hijos observan una confianza inquebrantable en la vida de alguien que conoce personalmente a Dios, eso les produce un impacto y sienten el deseo de conocerlo ellos mismos.

Si deseamos que personas como Nietzsche (y nuestros hijos) crean en Dios, no bastará que nos peguemos una sonrisa de felicidad circunstancial. Nos hará falta gozo.

Amado Señor, te ruego que me des una razón para gustar del verdadero gozo, derivado de confiar en ti. Muéstrame la diferencia entre la felicidad circunstancial de nuestro mundo y la confianza inquebrantable de saber que tu carácter es inmutable y verdadero. Que este fruto de confianza se haga evidente en mi perspectiva, mis actitudes, mi porte y mi forma de ser, a fin de que pueda atraer a otros a tu verdad.

Amén.

El amor es paciente, es bondadoso. El amor no es envidioso ni jactancioso ni orgulloso.
1 Corintios 13:4

Ayúdense unos a otros a llevar sus cargas, y así cumplirán la ley de Cristo.
Gálatas 6:2

Siempre que tengamos la oportunidad, hagamos bien a todos.
Gálatas 6:10

Como escogidos de Dios, santos y amados, revístanse de afecto entrañable y de bondad, humildad, amabilidad y paciencia.
Colosenses 3:12

Esfuércense por añadir a su fe, virtud; a su virtud, entendimiento … afecto fraternal; y al afecto fraternal, amor. Porque estas cualidades, si abundan en ustedes, les harán crecer en el conocimiento de nuestro Señor Jesucristo, y evitarán que sean inútiles e improductivos.
2 Pedro 1:5, 7–8

Si alguien que posee bienes materiales ve que su hermano está pasando necesidad, y no tiene compasión de él, ¿cómo se puede decir que el amor de Dios habita en él? Queridos hijos, no amemos de palabra ni de labios para afuera, sino con hechos y de verdad.

1 JUAN 3:17–18

Rut se inclinó hacia la tierra, se postró sobre su rostro y exclamó:

—¿Cómo es que le he caído tan bien a usted, hasta el punto de fijarse en mí, siendo sólo una extranjera?

—Ya me han contado —le respondió Booz— todo lo que has hecho por tu suegra desde que murió tu esposo; cómo dejaste padre y madre, y la tierra donde naciste, y viniste a vivir con un pueblo que antes no conocías. ¡Que el SEÑOR te recompense por lo que has hecho! Que el SEÑOR, Dios de Israel, bajo cuyas alas has venido a refugiarte, te lo pague con creces.

RUT 2:10–12

El fruto del Espíritu es amor, alegría, paz, paciencia, amabilidad, bondad, fidelidad.

GÁLATAS 5:22

Cuando se manifestaron la bondad y el amor de Dios nuestro Salvador, él nos salvó, no por nuestras propias obras de justicia sino por su misericordia.

TITO 3:4–5

117

La Amabilidad

Jesús dijo: «Quien dé siquiera un vaso de agua fresca a uno de estos pequeños por tratarse de uno de mis discípulos, les aseguro que no perderá su recompensa».

MATEO 10:42

Sean bondadosos y compasivos unos con otros, y perdónense mutuamente, así como Dios los perdonó a ustedes en Cristo.

EFESIOS 4:32

Jesús dijo: «En todo traten ustedes a los demás tal y como quieren que ellos los traten a ustedes. De hecho, esto es la ley y los profetas».

MATEO 7:12

Pensamiento Devocional Sobre La Amabilidad

Alguien escuchó a una niñita orar así: «Señor, haz que toda la gente mala sea buena y toda la gente buena sea amable». Dios quiere que su pueblo sea bueno. Pero la bondad no es suficiente.

Además de ser buenas, debemos ser amables. Al ser plantado por el Dios que es completamente bueno, la cualidad de la bondad se arraiga en nuestro corazón, y crece rodeando y atravesando nuestras creencias y motivaciones. Es decir, nuestra amabilidad es la expresión fructífera externa de la bondad que se ha cultivado adentro.

La bondad reconoce una necesidad. La amabilidad la suple. La bondad se afirma contra el hambre. La amabilidad le envía dinero al pobre para que compre alimentos. La bondad sabe que debemos cuidar de los menesterosos. La amabilidad acompaña a una madre soltera al hospital y le ayuda durante el esfuerzo del parto. La bondad se da cuenta que hay un trabajo pendiente. La amabilidad realiza el trabajo.

Amado Señor, te ruego que me enseñes a demostrar bondad siendo amable. Hazme salir de los márgenes de la preocupación, y pasar al campo de acción. A medida que obres en mi vida para hacerme buena —más como tú— te ruego que también me hagas amable.

Amén.

LA DISPOSICIÓN A ESCUCHAR

Por la mañana, SEÑOR, escuchas mi clamor;
   por la mañana te presento mis ruegos,
   y quedo a la espera de tu respuesta.
SALMO 5:3

«Escúchenme bien, y comerán lo que es bueno,
   y se deleitarán con manjares deliciosos.
Presten atención y vengan a mí,
   escúchenme y vivirán», declara el Señor.
ISAÍAS 55:2–3

Clama la sabiduría …
«Pero el que me obedezca vivirá tranquilo,
   sosegado y sin temor del mal».
PROVERBIOS 1:20, 33

Pon atención a mi sabiduría
   y presta oído a mi buen juicio,
para que al hablar mantengas la discreción
   y retengas el conocimiento.
PROVERBIOS 5:1–2

*Jesús dijo: «Mis ovejas oyen mi voz; yo las conozco y ellas
me siguen».*
JUAN 10:27

LA DISPOSICIÓN A ESCUCHAR

Dice el Espíritu Santo: «Si ustedes oyen hoy [la] voz [de Dios], no endurezcan el corazón».

HEBREOS 3:7–8

El que atiende a la crítica edificante
    habitará entre los sabios.

PROVERBIOS 15:31

Jesús dijo: «Todo el que escucha al Padre y aprende de él, viene a mí».

JUAN 6:45

Juan escribió: «Nosotros somos de Dios, y todo el que conoce a Dios nos escucha; pero el que no es de Dios no nos escucha. Así distinguimos entre el Espíritu de la verdad y el espíritu del engaño».

1 JUAN 4:6

El que escucha la palabra pero no la pone en práctica es como el que se mira el rostro en un espejo y, después de mirarse, se va y se olvida en seguida de cómo es.

SANTIAGO 1:23–24

Jesús dijo: «Mira que estoy a la puerta y llamo. Si alguno oye mi voz y abre la puerta, entraré, y cenaré con él, y él conmigo».

APOCALIPSIS 3:20

LA DISPOSICIÓN A ESCUCHAR

El SEÑOR le ordenó:
—*Sal y preséntate ante mí en la montaña, porque estoy a punto de pasar por allí.*
Como heraldo del SEÑOR vino un viento recio, tan violento que partió las montañas e hizo añicos las rocas; pero el SEÑOR no estaba en el viento. Al viento lo siguió un terremoto, pero el SEÑOR tampoco estaba en el terremoto. Tras el terremoto vino un fuego, pero el SEÑOR tampoco estaba en el fuego. Y después del fuego vino un suave murmullo. Cuando Elías lo oyó, se cubrió el rostro con el manto y, saliendo, se puso a la entrada de la cueva.
1 REYES 19:11–13

Jesús dijo: «El que entra por la puerta es el pastor de las ovejas. El portero le abre la puerta, y las ovejas oyen su voz. Llama por nombre a las ovejas y las saca del redil. Cuando ya ha sacado a todas las que son suyas, va delante de ellas, y las ovejas lo siguen porque reconocen su voz».
JUAN 10:2–4

PENSAMIENTO DEVOCIONAL SOBRE
LA DISPOSICIÓN A ESCUCHAR

Dios le quiere decir algo. Cada día nuevo trae una lección de sus labios. ¿Está usted escuchando?

Dése cuenta del texto inicial de 1 Samuel 3: «En esos tiempos no era común oír palabra del SEÑOR, ni eran frecuentes las visiones». Parece que fuera hoy, ¿verdad? En nuestro mundo, ¡Dios parece estar muy silencioso! No es frecuente oír su voz.

Pero todo eso cambió en la época de Israel porque un muchachito estuvo dispuesto a escuchar. Samuel oyó que Dios lo llamaba en la noche y respondió en obediencia. El mensaje de Dios fue severo. Samuel tuvo que comunicarle un duro mensaje de juicio a Elí, el sacerdote y su superior. Pero Samuel obedeció la palabra de Dios.

¡Claro que alguien puede ser un factor determinante! Una mujer. Una madre. Un niño.

Cuando apoye la cabeza para dormir, y cuando sus pies vuelvan a afirmarse en el piso, agudice los oídos para escuchar la voz de Dios. Tal vez sea poco frecuente la palabra de Dios para los sordos, pero para quien escucha, él habla.

LA SOLEDAD

*El Señor su Dios siempre los acompañará; nunca los
dejará ni los abandonará.*

DEUTERONOMIO 31:6

Pero yo siempre estoy contigo,
    pues tú me sostienes de la mano derecha.

SALMO 73:23

*Jesús dijo: «Les aseguro que estaré con ustedes siempre,
hasta el fin del mundo».*

MATEO 28:20

*Jesús dijo: «No los voy a dejar huérfanos; volveré a
ustedes».*

JUAN 14:18

*Nosotros, siendo muchos, formamos un solo cuerpo en
Cristo, y cada miembro está unido a todos los demás.*

ROMANOS 12:5

    ... tú estás a mi lado;
tu vara de pastor me reconforta.

SALMO 23:4

Dios da un hogar a los desamparados.

SALMO 68:6

Pablo escribió: «En mi primera defensa, nadie me respaldó, sino que todos me abandonaron. Que no les sea tomado en cuenta. Pero el Señor estuvo a mi lado y me dio fuerzas».

2 TIMOTEO 4:16–17

Dios dijo: «Yo estoy contigo. Te protegeré por donde-quiera que vayas ... No te abandonaré hasta cumplir con todo lo que te he prometido».

GÉNESIS 28:15

En ti confían los que conocen tu nombre,
porque tú, SEÑOR, jamás abandonas a los que te
    buscan.

SALMO 9:10

Dios ha dicho: «Nunca te dejaré; jamás te aban-donaré».

HEBREOS 13:5

Jesús dijo: «No se angustien. Confíen en Dios, y confíen también en mí».

JUAN 14:1

LA SOLEDAD

El SEÑOR reconstruye a Jerusalén
    y reúne a los exiliados de Israel;
restaura a los abatidos
    y cubre con vendas sus heridas.
SALMO 147:2–3

Vuelve a mí tu rostro y tenme compasión,
    pues me encuentro solo y afligido.
Crecen las angustias de mi corazón;
    líbrame de mis tribulaciones.
SALMO 25:16–17

Aunque mi padre y mi madre me abandonen,
    el SEÑOR me recibirá en sus brazos.
SALMO 27:10

Aunque cambien de lugar las montañas
    y se tambaleen las colinas,
no cambiará mi fiel amor por ti
    ni vacilará mi pacto de paz,
    —dice el SEÑOR, que de ti se compadece—.
ISAÍAS 54:10

*Dios el SEÑOR dijo: «No es bueno que el hombre esté
solo. Voy a hacerle una ayuda adecuada».*
GÉNESIS 2:18

PALABRAS DE VIDA SOBRE

LA SOLEDAD

Sólo en Dios halla descanso mi alma;
 de él viene mi salvación.
Sólo él es mi roca y mi salvación;
 él es mi protector.
  ¡Jamás habré de caer!

SALMO 62:1–2

A los necesitados los saca de su miseria,
 y hace que sus familias crezcan como rebaños.
Los rectos lo verán y se alegrarán,
 pero todos los impíos serán acallados.
Quien sea sabio, que considere estas cosas
 y entienda bien el gran amor del SEÑOR.

SALMO 107:41–43

Volverán los rescatados del SEÑOR,
 y entrarán en Sión con cánticos de júbilo;
su corona será el gozo eterno.
 Se llenarán de regocijo y alegría,
y se apartarán de ellos el dolor y los gemidos.

ISAÍAS 51:11

El SEÑOR está cerca de quienes lo invocan,
 de quienes lo invocan en verdad.

SALMO 145:18

LA SOLEDAD

—*Yo mismo iré contigo y te daré descanso* —*respondió el Señor.*

ÉXODO 33:14

¡Aquí, entre los seres humanos, está la morada de Dios! Él acampará en medio de ellos, y ellos serán su pueblo; Dios mismo estará con ellos y será su Dios. Él les enjugará toda lágrima de los ojos.

APOCALIPSIS 21:3-4

Pensamiento Devocional Sobre La Soledad

Todos, en algún momento, hemos lidiado con la soledad y la necesidad de amistad. En tal situación, con frecuencia nos preguntamos cómo llegar a otros para conseguir los amigos que necesitamos.

Si desea entablar una amistad, quizá lo más inteligente sería crear una pandilla, un grupo selecto. Los que toman con seriedad este asunto de entablar amistades empiezan con poco.

Técnicamente, un grupo selecto se define como un grupo estrecho y exclusivo de personas que tienen los mismos intereses, puntos de vista y creencias. Dejando de lado lo de estrecho y exclusivo, seleccione los ingredientes saludables de las pandillas, y forme con estos la base de una amistad. Empiece poco a poco, seleccionando unas pocas personas que compartan sus mismos intereses, puntos de vista y propósitos de vida.

Al parecer, Salomón entendió la sabiduría de la amistad selectiva. Al escribir en Proverbios 18:4 dijo: «Hay amigos que llevan a la ruina, y hay amigos más fieles que un hermano». Es sabio partir de lo poco cuando se intenta formar amistades. En cuanto tenga en clara la técnica, quizá ya esté lista para extenderse con mayor denuedo. Pero para empezar, será mejor crear un grupo selecto.

¡Fíjense qué gran amor nos ha dado el Padre, que se nos llame hijos de Dios! ¡Y lo somos!

1 JUAN 3:1

Jesús dijo: «Éste es mi mandamiento: que se amen los unos a los otros, como yo los he amado».

JUAN 15:12

Ámense los unos a los otros con amor fraternal, respetándose y honrándose mutuamente.

ROMANOS 12:10

Sírvanse unos a otros con amor.

GÁLATAS 5:13

¡Cuán bueno y cuán agradable es
    que los hermanos convivan en armonía!

SALMO 133:1

Lleven una vida de amor, así como Cristo nos amó y se entregó por nosotros como ofrenda y sacrificio fragante para Dios.

EFESIOS 5:2

Que el Señor los haga crecer para que se amen más y más unos a otros, y a todos.

1 TESALONICENSES 3:12

Vivan en armonía los unos con los otros; compartan penas y alegrías, practiquen el amor fraternal, sean compasivos y humildes.

1 PEDRO 3:8

Como escogidos de Dios, santos y amados, revístanse de afecto entrañable y de bondad, humildad, amabilidad y paciencia … Por encima de todo, vístanse de amor, que es el vínculo perfecto.

COLOSENSES 3:12, 14

Ni las muchas aguas pueden apagarlo,
    ni los ríos pueden extinguirlo.
Si alguien ofreciera todas sus riquezas
    a cambio del amor,
    sólo conseguiría el desprecio.

CANTARES 8:7

Hagan todo con amor.

1 CORINTIOS 16:14

No tengan deudas pendientes con nadie, a no ser la de amarse unos a otros.

ROMANOS 13:8

Bendito sea el SEÑOR,
    pues mostró su gran amor por mí.

SALMO 31:21

EL AMOR

¡Cuán precioso, oh Dios, es tu gran amor!
Todo ser humano halla refugio
    a la sombra de tus alas.

SALMO 36:7

Oh SEÑOR, por siempre cantaré
    la grandeza de tu amor;
por todas las generaciones
    proclamará mi boca tu fidelidad.

SALMO 89:1

Dios demuestra su amor por nosotros en esto: en que cuando todavía éramos pecadores, Cristo murió por nosotros.

ROMANOS 5:8

Pido que, arraigados y cimentados en amor, puedan comprender, junto con todos los santos, cuán ancho y largo, alto y profundo es el amor de Cristo.

EFESIOS 3:17–18

Dios, que es rico en misericordia, por su gran amor por nosotros, nos dio vida con Cristo, aun cuando estábamos muertos en pecados.

EFESIOS 2:4–5

EL AMOR

En esto consiste el amor: no en que nosotros hayamos amado a Dios, sino en que él nos amó y envió a su Hijo para que fuera ofrecido como sacrificio por el perdón del nuestros pecados.

1 JUAN 4:10

Ámense de todo corazón los unos a los otros.

1 PEDRO 1:22

Amémonos los unos a los otros, porque el amor viene de Dios, y todo el que ama ha nacido de él y lo conoce. El que no ama no conoce a Dios, porque Dios es amor.

1 JUAN 4:7–8

Si hablo en lenguas humanas y angelicales, pero no tengo amor, no soy más que un metal que resuena o un platillo que hace ruido. Si tengo el don de profecía y entiendo todos los misterios y poseo todo conocimiento, y si tengo una fe que logra trasladar montañas, pero me falta el amor, no soy nada. Si reparto entre los pobres todo lo que poseo, y si entrego mi cuerpo para que lo consuman las llamas, pero no tengo amor, nada gano con eso. El amor es paciente, es bondadoso. El amor no es envidioso ni jactancioso ni orgulloso. No se comporta con rudeza, no es egoísta, no se enoja fácilmente, no guarda rencor. El amor no se deleita en la maldad sino que se regocija con

---

la verdad. Todo lo disculpa, todo lo cree, todo lo espera, todo lo soporta. El amor jamás se extingue, mientras que el don de profecía cesará, el de lenguas será silenciado y el de conocimiento desaparecerá.

1 CORINTIOS 13:1–8

Lo que vale es la fe que actúa mediante el amor.

GÁLATAS 5:6

Nadie ha visto jamás a Dios, pero si nos amamos los unos a los otros, Dios permanece entre nosotros, y entre nosotros su amor se ha manifestado plenamente.

1 JUAN 4:12

Tanto amó Dios al mundo, que dio a su Hijo unigénito, para que todo el que cree en él no se pierda, sino que tenga vida eterna.

JUAN 3:16

En esto conocemos lo que es el amor: en que Jesucristo entregó su vida por nosotros. Así también nosotros debemos entregar la vida por nuestros hermanos.

1 JUAN 3:16

Ámense los unos a los otros profundamente, porque el amor cubre multitud de pecados.

1 PEDRO 4:8

Pensamiento Devocional Sobre
El Amor

———————————

Sin amor los humanos se morirán. Es así de simple.

Hace décadas, se llevó a cabo un experimento cruel que subraya los ingredientes más vitales necesarios para el desarrollo saludable del ser humano. En un orfelinato, la mitad de los bebés recibieron caricias y afecto de parte de sus cuidadores, mientras que la otra mitad sólo recibió la atención más rudimentaria de alimentos e higiene. En pocas semanas, los bebés que no recibían atención, amor o caricias comenzaron a revelar signos de retraso del desarrollo. Sin amor se les iba la vida.

Extendiéndose hasta nuestro mundo, Dios le ministra a nuestra necesidad de amor. De modo revolucionario, Dios ofrece un amor incondicional, llenando hasta el tope nuestro deseo insaciable de aceptación personal.

Los humanos necesitamos amor. Dios ama. «Tanto amó Dios al mundo, que dio a su Hijo unigénito, para que todo el que cree en él no se pierda, sino que tenga vida eterna» (Juan 3:16). Es así de simple.

LA PACIENCIA

Guarda silencio ante el SEÑOR,
    y espera en él con paciencia;
no te irrites ante el éxito de otros,
    de los que maquinan planes malvados.
SALMO 37:7

*Todos deben estar listos para escuchar, y ser lentos para
hablar y para enojarse.*
SANTIAGO 1:19

Vale más el fin de algo
    que su principio.
Vale más la paciencia
    que la arrogancia
ECLESIASTÉS 7:8

Bueno es esperar calladamente
    a que el SEÑOR venga a salvarnos.
LAMENTACIONES 3:26

Pon tu esperanza en el SEÑOR;
    ten valor, cobra ánimo;
¡pon tu esperanza en el SEÑOR!
SALMO 27:14

En ti esperamos, SEÑOR,
    y en la senda de tus juicios;

tu nombre y tu memoria
    son el deseo de nuestra vida.

ISAÍAS 26:8

Alégrense en la esperanza, muestren paciencia en el sufrimiento, perseveren en la oración.

ROMANOS 12:12

Si esperamos lo que todavía no tenemos, en la espera mostramos nuestra constancia.

ROMANOS 8:25

Espero al SEÑOR, lo espero con toda el alma;
    en su palabra he puesto mi esperanza.
Espero al SEÑOR con toda el alma,
    más que los centinelas la mañana.

SALMO 130:5–6

Miren cómo espera el agricultor a que la tierra dé su precioso fruto y con qué paciencia aguarda las temporadas de lluvia. Así también ustedes, manténganse firmes y aguarden con paciencia la venida del Señor, que ya se acerca.

SANTIAGO 5:7–8

El amor es paciente.

1 CORINTIOS 13:4

LA PACIENCIA

[Sean] siempre humildes y amables, pacientes, tolerantes unos con otros en amor.

EFESIOS 4:2

Pedimos ... [esto] para que vivan de manera digna del Señor, agradándole en todo. Esto implica dar fruto en toda buena obra, crecer en el conocimiento de Dios y ser fortalecidos en todo sentido con su glorioso poder. Así perseverarán con paciencia en toda situación.

COLOSENSES 1:10–11

Sean pacientes con todos.

1 TESALONICENSES 5:14

Tú, Señor, eres Dios clemente y compasivo,
   lento para la ira, y grande en amor y verdad.

SALMO 86:15

Por eso el SEÑOR los espera, para tenerles piedad;
   por eso se levanta para mostrarles compasión.
Porque el SEÑOR es un Dios de justicia.
   ¡Dichosos todos los que en él esperan!

ISAÍAS 30:18

Pensamiento Devocional Sobre
La Paciencia

Para todo hay que esperar. Para que la secadora termine el ciclo. Para que nuestro esposo llegue a casa. Para que suene el teléfono. Para que el bebé se despierte. Para que llegue la correspondencia. Para que llegue un automóvil trayendo a nuestro hijo sano y salvo al hogar. Para conseguir un trabajo. Para obtener respuesta a una oración.

A pesar de la mucha experiencia, es curioso que seamos tan poco diestros en esperar bien. Da la impresión de que la espera es una pérdida de tiempo colosal.

Pero la verdad es que mientras esperamos, Dios está obrando. Para llevarnos al lugar que él desea que ocupemos. Para reacomodar la vida de otros a fin de que sus deseos finales se cumplan. Para llevar a cabo lo que a la larga hará que seamos como Cristo, aunque no necesariamente nos produzca una comodidad inmediata.

¿Qué es lo que espera usted? Y más precisamente, ¿cuánta habilidad tiene para esperarlo?

Debemos orar con la disposición de esperar, y esperar con la disposición de orar. La espera y la oración van de la mano. Al igual que los dos zapatos que componen un par y las dos mitades que conforman un entero, trabajan en equipo.

Cristo es nuestra paz: de los dos pueblos ha hecho uno solo, derribando mediante su sacrificio el muro de enemistad que nos separaba.

EFESIOS 2:14

Que gobierne en sus corazones la paz de Cristo, a la cual fueron llamados en un solo cuerpo.

COLOSENSES 3:15

No se inquieten por nada; más bien, en toda ocasión, con oración y ruego, presenten sus peticiones a Dios y denle gracias. Y la paz de Dios, que sobrepasa todo entendimiento, cuidará sus corazones y sus pensamientos en Cristo Jesús.

FILIPENSES 4:6-7

En paz me acuesto y me duermo,
    porque sólo tú, SEÑOR, me haces vivir confiado.

SALMO 4:8

El SEÑOR fortalece a su pueblo;
    el SEÑOR bendice a su pueblo con la paz.

SALMO 29:11

LA PAZ

Al de carácter firme
>   lo guardarás en perfecta paz,
>   porque en ti confía.

ISAÍAS 26:3

Los desposeídos heredarán la tierra
>   y disfrutarán de gran bienestar.

SALMO 37:11

Los que aman tu ley disfrutan de gran bienestar,
>   y nada los hace tropezar.

SALMO 119:165

Cuando el SEÑOR aprueba la conducta de un hombre,
>   hasta con sus enemigos lo reconcilia.

PROVERBIOS 16:7

Nos ha nacido un niño,
>   se nos ha concedido un hijo;
la soberanía reposará sobre sus hombros,
>   y se le darán estos nombres:
Consejero admirable, Dios fuerte,
>   Padre eterno, Príncipe de paz.

ISAÍAS 9:6

Él vino y proclamó paz a ustedes que estaban lejos y paz a los que estaban cerca. Pues por medio de él tenemos acceso al Padre por un mismo Espíritu.

EFESIOS 2:17–18

Que Dios nuestro Padre y el Señor Jesucristo les concedan gracia y paz.

FILIPENSES 1:2

¡Paz a los que están lejos,
    y paz a los que están cerca!
Yo los sanaré —dice el SEÑOR—.

ISAÍAS 57:19

Estableceré con ellas un pacto de paz: haré desaparecer del país a las bestias feroces, para que mis ovejas puedan habitar seguras en el desierto y dormir tranquilas en los bosques. Haré que ellas y los alrededores de mi colina sean una fuente de bendición. Haré caer lluvias de bendición en el tiempo oportuno. Los árboles del campo darán su fruto, la tierra entregará sus cosechas, y ellas vivirán seguras en su propia tierra. Y cuando yo haga pedazos su yugo y las libere de sus tiranos, entonces sabrán que yo soy el SEÑOR.

EZEQUIEL 34:25–27

LA PAZ

El SEÑOR te bendiga
   y te guarde;
el SEÑOR te mire con agrado
   y te extienda su amor;
el SEÑOR te muestre su favor
   y te conceda la paz.

NÚMEROS 6:24–26

El amor y la verdad se encontrarán;
   se besarán la paz y la justicia.

SALMO 85:10

*Esfuércense por mantener la unidad del Espíritu
mediante el vínculo de la paz.*

EFESIOS 4:3

El Dios de paz estará con ustedes.

FILIPENSES 4:9

*Si es posible, y en cuanto dependa de ustedes, vivan en
paz con todos.*

ROMANOS 12:18

*El fruto de la justicia se siembra en paz para los que
hacen la paz.*

SANTIAGO 3:18

LA PAZ

Jesús dijo: «La paz les dejo; mi paz les doy. Yo no se la doy a ustedes como la da el mundo. No se angustien ni se acobarden».

JUAN 14:27

Dichosos los que trabajan por la paz, porque serán llamados hijos de Dios.

MATEO 5:9

Esforcémonos por promover todo lo que conduzca a la paz y a la mutua edificación.

ROMANOS 14:19

Sométete a Dios; ponte en paz con él,
        y volverá a ti la prosperidad.

JOB 22:21

PENSAMIENTO DEVOCIONAL SOBRE LA PAZ

Un niño de cinco años irrumpe en la cocina después de sus aventuras en el jardín de la casa, dejando a su paso huellas de suciedad sobre un piso limpio. Suena el teléfono. El bebé llora. Suena el timbre. El perro ladra. Una mamá agobiada se agarra la cabeza en respuesta a semejante tortura.

Cambia la escena. La cámara muestra un cuarto de baño espacioso y privado, y gira en torno a una bañera que está llena hasta el borde de deleitosa espuma. Una mujer bella descansa en la bañera, con los rulos recogidos, los brazos extendidos, y los ojos cerrados en un éxtasis de relajación.

Se supone que esta segunda escena sea una imagen de paz. Lo que me interesaría saber es: ¿Dónde están los niños? ¿Qué hace el perro? ¿Quién abrió la puerta?

Contrariamente a lo que comunica la publicidad, la paz no viene en un paquete de espuma de baño. Ni se la encuentra en una bañera ni tras una puerta cerrada. La paz viene cuando en nuestros caóticos días fijamos la mente en Dios y en su estabilidad. Aunque nos dejen huellas de suciedad en los pisos, o haya alguien parado con impaciencia frente a la puerta, el Dios inmutable está a cargo de nuestros días. Conocer esa verdad es paz.

PALABRAS DE VIDA SOBRE

La Oración

─────────

«Ustedes me invocarán, y vendrán a suplicarme, y yo los escucharé», dice el Señor. «Me buscarán y me encontrarán, cuando me busquen de todo corazón».

JEREMÍAS 29:12–13

«Antes que me llamen,
*   yo les responderé;*
todavía estarán hablando
*   cuando ya los habré escuchado», dice el Señor.*

ISAÍAS 65:24

Jesús dijo: «Pidan, y se les dará; busquen, y encontrarán; llamen, y se les abrirá. Porque todo el que pide, recibe; el que busca, encuentra; y al que llama, se le abre».

MATEO 7:7–8

Jesús dijo: «Les digo que si dos de ustedes en la tierra se ponen de acuerdo sobre cualquier cosa que pidan, les será concedida por mi Padre que está en el cielo. Porque donde dos o tres se reúnen en mi nombre, allí estoy yo en medio de ellos».

MATEO 18:19–20

Queridos hermanos, si el corazón no nos condena, tenemos confianza delante de Dios, y recibimos todo lo que le pedimos porque obedecemos sus mandamientos y hacemos lo que le agrada.

1 JUAN 3:21–22

LA ORACIÓN

*Jesús dijo: «Cuando te pongas a orar, entra en tu
cuarto, cierra la puerta y ora a tu Padre, que está en lo
secreto. Así tu Padre, que ve lo que se hace en secreto, te
recompensará».*

MATEO 6:6

El SEÑOR está cerca de quienes lo invocan,
   de quienes lo invocan en verdad.

SALMO 145:18

Si ustedes creen, recibirán todo lo que pidan en oración.

MATEO 21:22

Pero yo clamaré a Dios,
   y el SEÑOR me salvará.
Mañana, tarde y noche
   clamo angustiado, y él me escucha.

SALMO 55:16–17

Oren sin cesar.

1 TESALONICENSES 5:17

*No hemos dejado de orar por ustedes. Pedimos que Dios
les haga conocer plenamente su voluntad con toda
sabiduría y comprensión espiritual.*

COLOSENSES 1:9

Oren en el Espíritu en todo momento, con peticiones y ruegos. Manténganse alerta y perseveren en oración por todos los santos.

EFESIOS 6:18

Los fieles te invocan
en momentos de angustia;
caudalosas aguas podrán desbordarse,
pero a ellos no los alcanzarán.

SALMO 32:6

SEÑOR, oye mi justo ruego;
escucha mi clamor;
presta oído a mi oración,
pues no sale de labios engañosos.

SALMO 17:1

Responde a mi clamor,
Dios mío y defensor mío.
Dame alivio cuando esté angustiado,
apiádate de mí y escucha mi oración.

SALMO 4:1

El SEÑOR ha escuchado mis ruegos;
el SEÑOR ha tomado en cuenta mi oración.

SALMO 6:9

«Clama a mí y te responderé, y te daré a conocer cosas grandes y ocultas que tú no sabes», declara el Señor.

JEREMÍAS 33:3

«Él me invocará, y yo le responderé;
estaré con él en momentos de angustia;
lo libraré y lo llenaré de honores»,
declara el Señor.

SALMO 91:15

Acerquémonos confiadamente al trono de la gracia para recibir misericordia y hallar la gracia que nos ayude en el momento que más la necesitemos.

HEBREOS 4:16

Jesús dijo: «Ciertamente les aseguro que mi Padre les dará todo lo que le pidan en mi nombre. Hasta ahora no han pedido nada en mi nombre. Pidan y recibirán, para que su alegría sea completa».

JUAN 16:23–24

«Si mi pueblo, que lleva mi nombre, se humilla y ora, y me busca y abandona su mala conducta, yo lo escucharé desde el cielo, perdonaré su pecado y restauraré su tierra», declara el Señor.

2 CRÓNICAS 7:14

Yo, SEÑOR, espero en ti;
     tú, Señor y Dios mío, serás quien responda.

SALMO 38:15

Si confesamos nuestros pecados, Dios, que es fiel y justo,
nos los perdonará y nos limpiará de toda maldad.

1 JUAN 1:9

Muy de madrugada, cuando todavía estaba oscuro,
Jesús se levantó, salió de la casa y se fue a un lugar soli-
tario, donde se puso a orar.

MARCOS 1:35

Esta es la confianza que tenemos al acercarnos a
Dios: que si pedimos conforme a su voluntad, él nos
oye. Y si sabemos que Dios oye todas nuestras ora-
ciones, podemos estar seguros de que ya tenemos lo
que le hemos pedido.

1 JUAN 5:14–15

Los ojos del Señor están sobre los justos, y sus oídos,
atentos a sus oraciones; pero el rostro del Señor está con-
tra los que hacen el mal.

1 PEDRO 3:12

Pensamiento Devocional Sobre La Oración

¿Se le ocurre algún ejercicio que produzca mejores resultados que la oración?

Podemos conversar con el Dios del universo. Cuando inclinamos la cabeza y pronunciamos el nombre de Dios, tenemos audiencia con un Rey más poderoso que el líder de cualquier país terrenal.

- Se nos recuerda que no estamos solos. Aun después de una tragedia o una prueba terrible, Dios espera estar con nosotros en oración. Se amplía nuestra confianza.

- Estamos unidos a Dios y a otros creyentes. Cuando oramos por una hermana, estamos unidas a ella y a otros que tienen el mismo deseo. Se fortalece el vínculo con otros.

- Al orar crecemos. Al unir nuestra voluntad a la de Dios vemos nuestro progreso en el camino de parecernos más a él. Nuestra fe se ejercita.

- Vemos que Dios responde. Hay amigos que obtienen sanidad. Hay hijos que inician una relación con Jesús. Vemos paciencia en medio de las pruebas. Se nos ofrecen trabajos. Se expande nuestro espíritu.

No existe ningún otro ejercicio que produzca mejores resultados en nuestra alma que la oración. ¿Quiere mejorar el estado de su alma? ¿Por qué no dobla esas rodillas?

Imiten a quienes por su fe y paciencia heredan las promesas.

HEBREOS 6:12

Por tanto, también nosotros, que estamos rodeados de una multitud tan grande de testigos, despojémonos del lastre que nos estorba, en especial del pecado que nos asedia, y corramos con perseverancia la carrera que tenemos por delante. Fijemos la mirada en Jesús, el iniciador y perfeccionador de nuestra fe, quien por el gozo que le esperaba, soportó la cruz, menospreciando la vergüenza que ella significaba, y ahora está sentado a la derecha del trono de Dios.

HEBREOS 12:1–2

Llénenme de alegría teniendo un mismo parecer, un mismo amor, unidos en alma y pensamiento. No hagan nada por egoísmo o vanidad; más bien, con humildad consideren a los demás como superiores a ustedes mismos. Cada uno debe velar no sólo por sus propios intereses sino también por los intereses de los demás. La actitud de ustedes debe ser como la de Cristo Jesús.

FILIPENSES 2:2–5

Pase lo que pase, compórtense de una manera digna del evangelio de Cristo … sabré que siguen firmes en un mismo propósito, luchando unánimes por la fe del evangelio.

FILIPENSES 1:27

Jesús dijo: «Ustedes deben orar así:"Padre nuestro que estás en el cielo, santificado sea tu nombre, venga tu reino, hágase tu voluntad en la tierra como en el cielo"».

MATEO 6:9–10

Todo aquello que para mí era ganancia, ahora lo considero pérdida por causa de Cristo. Es más, todo lo considero pérdida por razón del incomparable valor de conocer a Cristo Jesús, mi Señor. Por él lo he perdido todo, y lo tengo por estiércol, a fin de ganar a Cristo.

FILIPENSES 3:7–8

Jesús dijo: «No se preocupen diciendo: ";Qué comeremos?" o ";Qué beberemos?" o ";Con qué nos vestiremos?" … Busquen primeramente el reino de Dios y su justicia, y todas estas cosas les serán añadidas».

MATEO 6:31, 33

Jesús dijo: «Les digo que se valgan de las riquezas mundanas para ganar amigos, a fin de que cuando éstas se acaben haya quienes los reciban a ustedes en las viviendas eternas».

LUCAS 16:9

LAS PRIORIDADES

Dichoso el hombre
　　que no sigue el consejo de los malvados,
ni se detiene en la senda de los pecadores
　　ni cultiva la amistad de los blasfemos,
sino que en la ley del SEÑOR se deleita,
　　y día y noche medita en ella.

SALMO 1:1–2

*Alguien dirá: «Tú tienes fe, y yo tengo obras.» Pues
bien, muéstrame tu fe sin las obras, y yo te mostraré
la fe por mis obras.*

SANTIAGO 2:18

*No nos fijamos en lo visible sino en lo invisible, ya
que lo que se ve es pasajero, mientras que lo que no se
ve es eterno.*

2 CORINTIOS 4:18

*Hagan lo que hagan, trabajen de buena gana, como
para el Señor y no como para nadie en este mundo,
conscientes de que el Señor los recompensará con la
herencia. Ustedes sirven a Cristo el Señor.*

COLOSENSES 3:23–24

¡Estamos rodeados de alternativas! ¿Brindamos servicios en la guardería de la iglesia, o cantamos en el coro? ¿Enviamos a nuestros hijos a una escuela pública o a una escuela cristiana, o acaso debiéramos enseñarles en casa? ¿Cómo escoger entre el millar de posibilidades que se nos presentan para pasar el día? ¿La semana? ¿La vida?

Asignamos prioridades. *Prioridad* se define como «anterioridad de algo respecto de otra cosa, en tiempo o en orden», o sea algo que merece atención en primer término. Para los cristianos, Dios merece el primer lugar en nuestra atención, al igual que su Palabra, su pueblo y su obra.

Un estudio minucioso de las Escrituras nos ayuda a establecer prioridades. Subraya el valor de pasar tiempo con Dios. Define las responsabilidades de nuestras relaciones. Traza una guía en cuanto a trabajo y servicio. Podemos poner en orden nuestras opciones si echamos una mirada bíblica a nuestra vida para determinar nuestras responsabilidades principales y luego dedicar nuestro tiempo más productivo al logro de las mismas.

Woodrow Wilson prometió: «Prefiero fracasar en la causa que más adelante triunfará que triunfar en una causa que más adelante fracasará». ¿Cuál es nuestra causa triunfadora? ¿Dios? ¿La familia? ¿El trabajo? Identifíquela en primer término. Luego podremos ordenar nuestras opciones en torno a ella.

Jesús dijo: «En este mundo afrontarán aflicciones, pero ¡anímense! Yo he vencido al mundo».

JUAN 16:33

Comparte nuestros sufrimientos, como buen soldado de Cristo Jesús.

2 TIMOTEO 2:3

A ustedes se les ha concedido no sólo creer en Cristo, sino también sufrir por él.

FILIPENSES 1:29

[El Mesías fue] despreciado y rechazado por los
hombres,
varón de dolores, hecho para el sufrimiento.

ISAÍAS 53:3

Así como participamos abundantemente en los sufrimientos de Cristo, así también por medio de él tenemos abundante consuelo.

2 CORINTIOS 1:5

En nada se comparan los sufrimientos actuales con la gloria que habrá de revelarse en nosotros.

ROMANOS 8:18

Él, en cambio, conoce mis caminos;
      si me pusiera a prueba, saldría yo puro como el oro.
JOB 23:10

*Dichosos ustedes si los insultan por causa del nombre
de Cristo, porque el glorioso Espíritu de Dios reposa
sobre ustedes.*
1 PEDRO 4:14

*Nos regocijamos ... también en nuestros sufrimientos,
porque sabemos que el sufrimiento produce perseverancia; la perseverancia, entereza de carácter; la entereza
de carácter, esperanza.*
ROMANOS 5:3–4

*Considérense muy dichosos cuando tengan que
enfrentarse con diversas pruebas, pues ya saben que la
prueba de su fe produce constancia.*
SANTIAGO 1:2–3

... él no desprecia ni tiene en poco
      el sufrimiento del pobre;
no esconde de él su rostro,
      sino que lo escucha cuando a él clama.
SALMO 22:24

El SEÑOR disciplina a los que ama.

PROVERBIOS 3:12

Me regocijo en debilidades, insultos, privaciones, perse-
cuciones y dificultades que sufro por Cristo; porque
cuando soy débil, entonces soy fuerte.

2 CORINTIOS 12:10

Muchas son las angustias del justo,
     pero el SEÑOR lo librará de todas ellas;

SALMO 34:19

Dichoso el que resiste la tentación porque, al salir
aprobado, recibirá la corona de la vida que Dios ha
prometido a quienes lo aman.

SANTIAGO 1:12

Por haber sufrido él mismo la tentación, puede socorrer
a los que son tentados.

HEBREOS 2:18

Cuando te llamé, me respondiste;
     me infundiste ánimo y renovaste mis fuerzas.

SALMO 138:3

En nuestra debilidad el Espíritu acude a ayudarnos. No sabemos qué pedir, pero el Espíritu mismo intercede por nosotros con gemidos que no pueden expresarse con palabras.

ROMANOS 8:26

Nuestra lucha no es contra seres humanos, sino contra poderes, contra autoridades, contra potestades que dominan este mundo de tinieblas, contra fuerzas espirituales malignas en las regiones celestiales.

EFESIOS 6:12

Pelea la buena batalla de la fe; haz tuya la vida eterna, a la que fuiste llamado.

1 TIMOTEO 6:12

Que el amado del SEÑOR repose seguro en él,
    porque lo protege todo el día
    y descansa tranquilo entre sus hombros.

DEUTERONOMIO 33:12

En el día de la aflicción
    él me resguardará en su morada;
al amparo de su tabernáculo me protegerá,
    y me pondrá en alto, sobre una roca.

SALMO 27:5

Tú eres mi refugio,
    mi baluarte contra el enemigo.
Anhelo habitar en tu casa para siempre
    y refugiarme debajo de tus alas.

SALMO 61:3–4

El que habita al abrigo del Altísimo
    se acoge a la sombra del Todopoderoso.

SALMO 91:1

Tú has sido, [Señor],
    en su angustia,
un baluarte para el desvalido,
    un refugio para el necesitado,
un resguardo contra la tormenta,
    una sombra contra el calor.

ISAÍAS 25:4

Esperamos confiados en el SEÑOR;
    él es nuestro socorro y nuestro escudo.

SALMO 33:20

PENSAMIENTO DEVOCIONAL SOBRE
LOS PROBLEMAS

Desempleo. Divorcio. Infertilidad. La muerte de un padre. La enfermedad de un hijo. La crueldad de un conocido.

En algún momento de la vida nos va a tocar que Dios, a propósito, pruebe nuestra fe —no para vencernos—, sino para que comprendamos la validez de ésta y sepamos que es verdadera. De la mano de Dios nos llega el examen acumulativo que tiene como fin reforzar nuestro aprendizaje sobre él y su obra en nuestra vida.

Alguien comparó este proceso a una persona que para remontar una cometa se toma de la cuerda de la misma y corre con ella hasta ascender al cielo. La cometa no subirá sin que haya viento. El viento es necesario para remontarla, y las cometas no se elevan *con* el viento, sino *contra* él. Así nos ocurre a nosotros. No subiremos en paciencia y madurez a menos que ascendamos contra las pruebas.

No debemos enfrentarnos a nuestra prueba con ojos enrojecidos de novato preocupado, sino con la confianza de un estudiante que conoce bien las palabras del profesor. Poniendo una capa sobre la otra, Dios nos va educando sobre su modo de obrar en nuestra vida y la de nuestros seres queridos.

[Dios] dijo: «Hagamos al ser humano a nuestra imagen y semejanza. Que tenga dominio sobre los peces del mar, y sobre las aves del cielo; sobre los animales domésticos, sobre los animales salvajes, y sobre todos los reptiles que se arrastran por el suelo». Y Dios creó al ser humano a su imagen; lo creó a imagen de Dios. Hombre y mujer los creó.

GÉNESIS 1:26–27

«Antes de formarte en el vientre, ya te había elegido; antes de que nacieras, ya te había apartado», dice el Señor.

JEREMÍAS 1:5

De un solo hombre hizo todas las naciones para que habitaran toda la tierra; y determinó los períodos de su historia y las fronteras de sus territorios ... «puesto que en él vivimos, nos movemos y existimos».

HECHOS 17:26, 28

¿Acaso no saben que su cuerpo es templo del Espíritu Santo, quien está en ustedes y al que han recibido de parte de Dios? Ustedes no son sus propios dueños; fueron comprados por un precio. Por tanto, honren con su cuerpo a Dios.

1 CORINTIOS 6:19–20

LA IMAGEN PROPIA

Jesús dijo: ¿No se venden dos gorriones por una monedita? Sin embargo, ni uno de ellos caerá a tierra sin que lo permita el Padre; y él les tiene contados a ustedes aun los cabellos de la cabeza. Así que no tengan miedo; ustedes valen más que muchos gorriones.

MATEO 10:29–31

Somos hechura de Dios, creados en Cristo Jesús para buenas obras, las cuales Dios dispuso de antemano a fin de que las pongamos en práctica

EFESIOS 2:10

Se han puesto ... la nueva naturaleza, que se va renovando en conocimiento a imagen de su Creador.

COLOSENSES 3:10

Por su propia voluntad [Dios] nos hizo nacer mediante la palabra de verdad, para que fuéramos como los primeros y mejores frutos de su creación.

SANTIAGO 1:18

Dios nos escogió en él antes de la creación del mundo, para que seamos santos y sin mancha delante de él. En amor nos predestinó para ser adoptados como hijos suyos por medio de Jesucristo, según el buen propósito de su voluntad, para alabanza de su gloriosa gracia, que nos concedió en su Amado.

EFESIOS 1:4–6

LA IMAGEN PROPIA

Así dice el SEÑOR,
    el que te creó, Jacob,
    el que te formó, Israel:
«No temas, que yo te he redimido;
    te he llamado por tu nombre; tú eres mío».

ISAÍAS 43:1

El SEÑOR tu Dios está en medio de ti
    como guerrero victorioso.
Se deleitará en ti con gozo,
    te renovará con su amor,
    se alegrará por ti con cantos

SOFONÍAS 3:17

PENSAMIENTO DEVOCIONAL SOBRE LA IMAGEN PROPIA

Solo existe un espejo fiel de nuestras personas. Solo una fuente puede reflejar con precisión nuestra imagen. Si desea saber quién es usted, debe mirar a Aquel que la conoce mejor que nadie.

¿Qué podrá descubrir?

- ¡Dios la hizo maravillosa! «Tú creaste mis entrañas; me formaste en el vientre de mi madre. ¡Te alabo porque soy una creación admirable! ¡Tus obras son maravillosas, y esto lo sé muy bien!» (Salmo 139:13–14). Desde los dedos de los pies hasta la nariz, usted es una obra artesanal de Dios.

- Dios la amó lo suficiente como para morir por usted aunque no se lo merecía. «Cuando todavía éramos pecadores, Cristo murió por nosotros» (Romanos 5:8). Sí, usted ve el pecado. Pero Dios lo cubre completamente con perdón.

- Dios hace que sea nueva y limpia, sea lo que fuere que haya sucedido en el pasado. «Si alguno está en Cristo, es una nueva creación. ¡Lo viejo ha pasado, ha llegado ya lo nuevo!» (2 Corintios 5:17). Dios nos viste con un traje nuevo… un traje de esperanza.

Cuando se pregunte quién es usted, no se fije en las personas que la rodean. El único reflejo fiel de su identidad proviene del mismo Dios.

Jesús dijo: «Permanezcan en mí, y yo permaneceré en ustedes. Así como ninguna rama puede dar fruto por sí misma, sino que tiene que permanecer en la vid, así tampoco ustedes pueden dar fruto si no permanecen en mí. Yo soy la vid y ustedes son las ramas. El que permanece en mí, como yo en él, dará mucho fruto; separados de mí no pueden ustedes hacer nada ... Si permanecen en mí y mis palabras permanecen en ustedes, pidan lo que quieran, y se les concederá. Mi Padre es glorificado cuando ustedes dan mucho fruto y muestran así que son mis discípulos».

JUAN 15:4–5, 7–8

Jesús dijo: «El que practica la verdad se acerca a la luz, para que se vea claramente que ha hecho sus obras en obediencia a Dios.»

JUAN 3:21

Para ustedes que temen mi nombre, se levantará el sol de justicia trayendo en sus rayos salud.

MALAQUÍAS 4:2

Solamente al SEÑOR tu Dios debes seguir y rendir culto. Cumple sus mandamientos y obedécelo; sírvele y permanece fiel a él.

DEUTERONOMIO 13:4

EL CRECIMIENTO ESPIRITUAL

El que siembra para agradar al Espíritu, del Espíritu cosechará vida eterna.

GÁLATAS 6:8

Olvidando lo que queda atrás y esforzándome por alcanzar lo que está delante, sigo avanzando hacia la meta para ganar el premio que Dios ofrece mediante su llamamiento celestial en Cristo Jesús.

FILIPENSES 3:13–14

Jesús dijo: «De aquel que cree en mí, como dice la Escritura, brotarán ríos de agua viva».

JUAN 7:38

Esfuérzate por presentarte a Dios aprobado, como obrero que no tiene de qué avergonzarse y que interpreta rectamente la palabra de verdad.

2 TIMOTEO 2:15

Jesús dijo: «El que encuentre su vida, la perderá, y el que la pierda por mi causa, la encontrará».

MATEO 10:39

Deseen con ansias la leche pura de la palabra, como niños recién nacidos. Así, por medio de ella, crecerán en su salvación, ahora que han probado lo bueno que es el Señor.

1 PEDRO 2:2–3

EL CRECIMIENTO ESPIRITUAL

El fruto del Espíritu es amor, alegría, paz, paciencia, amabilidad, bondad, fidelidad, humildad y dominio propio. No hay ley que condene estas cosas. Los que son de Cristo Jesús han crucificado la naturaleza pecaminosa, con sus pasiones y deseos. Si el Espíritu nos da vida, andemos guiados por el Espíritu.

GÁLATAS 5:22–25

Ya no seremos niños, zarandeados por las olas y llevados de aquí para allá por todo viento de enseñanza y por la astucia y los artificios de quienes emplean artimañas engañosas. Más bien, al vivir la verdad con amor, creceremos hasta ser en todo como aquel que es la cabeza, es decir, Cristo.

EFESIOS 4:14–15

Los que viven conforme al Espíritu fijan la mente en los deseos del Espíritu.

ROMANOS 8:5

Crezcan en la gracia y en el conocimiento de nuestro Señor y Salvador Jesucristo. ¡A él sea la gloria ahora y para siempre!

2 PEDRO 3:18

Amor, alegría, paz, paciencia, amabilidad, bondad, fidelidad, humildad y dominio propio. Este es el «fruto del Espíritu» oficial de la Biblia. Conocemos el fruto que crece en la viña. ¿Pero qué es el fruto espiritual?

El fruto es el resultado de la pureza y la perfección de Dios. Es la naturaleza de Dios mostrada en nosotras. Cuando empezamos a desarrollar las características de Dios, no perdemos nuestra personalidad individual. El fruto del Espíritu es mostrar las características de Dios en nuestra *propia* personalidad singular. La naturaleza de Dios se muestra a través de la persona que Él ha hecho que seamos.

Podemos hacer crecer el fruto de Dios en nuestra vida al

- escoger un fruto que desearíamos que Dios desarrollara. Oremos pidiéndole que lo haga crecer en nuestra vida.

- estudiar un fruto cada vez. Lo que nosotras consideremos paciencia quizá no sea lo que infirió Pablo.

- llevar un diario del crecimiento de este fruto en nuestra vida. Podemos escribir sobre las oportunidades de revelarlo, y cuando observemos dichos frutos celebrarlo anotándolos.

Mostrar el fruto del Espíritu es llevar una vida acorde con Dios, es ser las personas-fruto que él quiso que fuéramos!

El Estrés

En el día de mi angustia te invoco,
porque tú me respondes.

Salmo 86:7

En mi angustia invoqué al Señor;
llamé a mi Dios,
y él me escuchó desde su templo;
¡mi clamor llegó a sus oídos!

2 Samuel 22:7

Encomienda al Señor tus afanes,
y él te sostendrá;
no permitirá que el justo caiga.

Salmo 55:22

Bendito sea el Señor, nuestro Dios y Salvador,
que día tras día sobrelleva nuestras cargas.

Salmo 68:19

Cuando cruces las aguas,
yo estaré contigo;
cuando cruces los ríos,
no te cubrirán sus aguas;
cuando camines por el fuego,
no te quemarás ni te abrasarán las llamas.

E L   E S T R É S

Yo soy el SEÑOR, tu Dios,

I S A Í A S   4 3 : 2 – 3

Sométete a Dios; ponte en paz con él,
      y volverá a ti la prosperidad…
Tendrás éxito en todo lo que emprendas,
      y en tus caminos brillará la luz.

J O B   2 2 : 2 1 ,   2 8

SEÑOR, tú estableces la paz en favor nuestro,
      porque tú eres quien realiza todas nuestras obras.

I S A Í A S   2 6 : 1 2

Al de carácter firme
      lo guardarás en perfecta paz,
      porque en ti confía.
Confíen en el SEÑOR para siempre,
      porque el SEÑOR es una Roca eterna.

I S A Í A S   2 6 : 3 – 4

*Que el Señor de paz les conceda su paz siempre y en
todas las circunstancias. El Señor sea con todos
ustedes.*

2   T E S A L O N I C E N S E S   3 : 1 6

A quien Dios le concede abundancia y riquezas, también le concede comer de ellas, y tomar su parte y disfrutar de sus afanes, pues esto es don de Dios. Y como Dios le llena de alegría el corazón, muy poco reflexiona el hombre en cuanto a su vida.

ECLESIASTÉS 5:19–20

Voy a escuchar lo que Dios el SEÑOR dice:
    él promete paz a su pueblo.

SALMO 85:8

Ya que hemos sido justificados mediante la fe, tenemos paz con Dios por medio de nuestro Señor Jesucristo. También por medio de él, y mediante la fe, tenemos acceso a esta gracia en la cual nos mantenemos firmes. Así que nos regocijamos en la esperanza de alcanzar la gloria de Dios.

ROMANOS 5:1–2

Jesús dijo: «Vengan a mí todos ustedes que están cansados y agobiados, y yo les daré descanso. Carguen con mi yugo y aprendan de mí, pues yo soy apacible y humilde de corazón, y encontrarán descanso para su alma. Porque mi yugo es suave y mi carga es liviana».

MATEO 11:28–30

Porque así dice el SEÑOR omnipotente, el Santo de Israel:
«En el arrepentimiento y la calma está su salvación,
en la serenidad y la confianza está su fuerza».
ISAÍAS 30:15

La gente de Judá decía: «Los cargadores desfallecen,
pues son muchos los escombros; ¡no vamos a poder
reconstruir esta muralla!» … Luego de examinar la
situación, me levanté y dije: … «¡No les tengan miedo!
Acuérdense del Señor, que es grande y temible».
NEHEMÍAS 4:10, 14

Como no tenían tiempo ni para comer, pues era tanta
la gente que iba y venía, Jesús les dijo:
—Vengan conmigo ustedes solos a un lugar tranquilo y
descansen un poco.
MARCOS 6:31

«Daré de beber a los sedientos y saciaré a los que estén
agotados», dice el Señor Todopoderoso.
JEREMÍAS 31:25

Al llegar el séptimo día, Dios descansó porque había
terminado la obra que había emprendido.
GÉNESIS 2:2

EL ESTRÉS

*Queda todavía un reposo especial para el pueblo de
Dios; porque el que entra en el reposo de Dios descansa
también de sus obras, así como Dios descansó de las
suyas. Esforcémonos, pues, por entrar en ese reposo.*
HEBREOS 4:9–11

En verdes pastos me hace descansar.
Junto a tranquilas aguas me conduce;
me infunde nuevas fuerzas.
Me guía por sendas de justicia
por amor a su nombre.
SALMO 23:2–3

PENSAMIENTO DEVOCIONAL SOBRE EL ESTRÉS

Un informe indica que los estadounidenses consumen aproximadamente tres toneladas de aspirina por día. ¡Eso equivale a una cantidad bastante importante de estrés y dolor!

Estudios actuales se disputan la alegación de que el estrés solo deriva de eventos de crisis, como la muerte, el divorcio, la enfermedad y el desempleo. Ahora el estrés también está vinculado a una sucesión de dificultades pequeñas, apiladas una sobre otra. Ya sea una causa que haga peligrar la vida, o un simple contratiempo, el estrés es una reacción humana a los verdaderos límites de la vida. Es el predicamento de intentar responder a exigencias ilimitadas con recursos limitados.

Pero hay una receta para el estrés. Jesús nos invita: «Vengan a mí todos ustedes que están cansados y agobiados, y yo les daré descanso.» Le podemos pedir que se eche nuestra carga al hombro, que comparta el yugo del estrés con nosotras. Ni tres toneladas de aspirina por día bastarán para librarnos de todo nuestro estrés, pero llevar nuestra carga con Jesús resulta mucho más fácil que hacerlo solas.

La vida con cargas pesadas nos puede o abrumar o conducir a los recursos ilimitados de Dios, cuyo «yugo es suave» y cuya «carga es liviana».

LOS TALENTOS

Tenemos dones diferentes, según la gracia que se nos ha dado. Si el don de alguien es el de profecía, que lo use en proporción con su fe; si es el de prestar un servicio, que lo preste; si es el de enseñar, que enseñe; si es el de animar a otros, que los anime; si es el de socorrer a los necesitados, que dé con generosidad; si es el de dirigir, que dirija con esmero; si es el de mostrar compasión, que lo haga con alegría.

ROMANOS 12:6–8

Las dádivas de Dios son irrevocables, como lo es también su llamamiento.

ROMANOS 11:29

El SEÑOR fortalece a su pueblo.

SALMO 29:11

Dios nos concede honor y gloria.
El SEÑOR brinda generosamente su bondad
a los que se conducen sin tacha.

SALMO 84:11

Dios da sabiduría, conocimientos y alegría a quien es de su agrado.

ECLESIASTÉS 2:26

Los Talentos

---

*[Jesús contó esta parábola:] «El reino de los cielos
será también como un hombre que, al emprender un
viaje, llamó a sus siervos y les encargó sus bienes. A uno
le dio cinco mil monedas de oro, a otro dos mil y a otro
sólo mil, a cada uno según su capacidad. Luego se fue
de viaje. El que había recibido las cinco mil fue en
seguida y negoció con ellas y ganó otras cinco mil. Así
mismo, el que recibió dos mil ganó otras dos mil. Pero
el que había recibido mil fue, cavó un hoyo en la tierra
y escondió el dinero de su señor.*

*»Después de mucho tiempo volvió el señor de aque-
llos siervos y arregló cuentas con ellos. El que había
recibido las cinco mil monedas llegó con las otras cinco
mil. "Señor —dijo—, usted me encargó cinco mil
monedas. Mire, he ganado otras cinco mil." Su señor le
respondió: "¡Hiciste bien, siervo bueno y fiel! En lo poco
has sido fiel; te pondré a cargo de mucho más. ¡Ven a
compartir la felicidad de tu señor!" Llegó también el
que recibió dos mil monedas. "Señor —informó—,
usted me encargó dos mil monedas. Mire, he ganado
otras dos mil." Su señor le respondió: "¡Hiciste bien,
siervo bueno y fiel! Has sido fiel en lo poco; te pondré a
cargo de mucho más. ¡Ven a compartir la felicidad de
tu señor!"*

»*Después llegó el que había recibido sólo mil monedas. "Señor —explicó—, yo sabía que usted es un hombre duro, que cosecha donde no ha sembrado y recoge donde no ha esparcido. Así que tuve miedo, y fui y escondí su dinero en la tierra. Mire, aquí tiene lo que es suyo." Pero su señor le contestó: "¡Siervo malo y perezoso! ¿Así que sabías que cosecho donde no he sembrado y recojo donde no he esparcido? Pues debías haber depositado mi dinero en el banco, para que a mi regreso lo hubiera recibido con intereses.*

»*"Quítenle las mil monedas y dénselas al que tiene las diez mil. Porque a todo el que tiene, se le dará más, y tendrá en abundancia."»*
MATEO 25:14–29

Unidos a Cristo ustedes se han llenado de toda riqueza, tanto en palabra como en conocimiento.
1 CORINTIOS 1:5

Cada uno tiene de Dios su propio don: éste posee uno; aquél, otro.
1 CORINTIOS 7:7

PENSAMIENTO DEVOCIONAL SOBRE
LOS TALENTOS

Piense en los talentos y destrezas descubiertos hasta el momento en su vida. Al hacer una lista mental considere todos los ámbitos de su vida: pasatiempos, trabajo, deportes, actividades familiares. Dios la creó de manera única, con ciertas aptitudes y permitió que tuviera muchas experiencias que pudiera desarrollar. Asegúrese de incluir sus años de crecimiento y sus actividades escolares, así como su etapa adulta.

Saque ahora una hoja y *anote* las cosas en que se destaca. Quizá sería bueno que metiera esa hoja en su Biblia. Sáquela cuando esté necesitada de ánimo o cuando necesite recordar sus habilidades.

Antes de guardar la lista, vuelva a revisarla y marque con un asterisco los puntos que le resultan más interesantes en la actualidad. Junto a los puntos con asteriscos, apunte posibilidades concretas de usar dicha destreza o habilidad. Por último, ore y pregúntele a Dios dónde y cuándo quiere que invierta usted dicha habilidad para realizar sus propósitos.

LA GRATITUD

_____

Gracias a Dios que en Cristo siempre nos lleva triun-
fantes y, por medio de nosotros, esparce por todas partes
la fragancia de su conocimiento.

2 CORINTIOS 2:14

Con oración y ruego, presenten sus peticiones a Dios y
denle gracias.

FILIPENSES 4:6

Den gracias a Dios en toda situación, porque esta es su
voluntad para ustedes en Cristo Jesús.

1 TESALONICENSES 5:18

¡Gracias a Dios, que nos da la victoria por medio de
nuestro Señor Jesucristo!

1 CORINTIOS 15:57

¡Alabaré al SEÑOR por su justicia!
    ¡Al nombre del SEÑOR altísimo cantaré salmos!

SALMO 7:17

Den gracias al SEÑOR, porque él es bueno;
    su gran amor perdura para siempre.
Que lo digan los redimidos del SEÑOR.

SALMO 107:1–2

LA GRATITUD

De la manera que recibieron a Cristo Jesús como Señor,
vivan ahora en él, arraigados y edificados en él, confir-
mados en la fe como se les enseñó, y llenos de gratitud.
COLOSENSES 2:6–7

¡Den gracias al SEÑOR por su gran amor,
   por sus maravillas en favor de los hombres!
SALMO 107:21

Convertiste mi lamento en danza;
   me quitaste la ropa de luto
   y me vestiste de fiesta,
para que te cante y te glorifique,
   y no me quede callado.
¡SEÑOR mi Dios, siempre te daré gracias!
SALMO 30:11–12

Vengan, cantemos con júbilo al SEÑOR;
   aclamemos a la roca de nuestra salvación.
Lleguemos ante él con acción de gracias,
   aclamémoslo con cánticos.
SALMO 95:1–2

¡Gracias a Dios por su don inefable!
2 CORINTIOS 9:15

LA GRATITUD

¡Alaben al SEÑOR, proclamen su nombre,
testifiquen de sus proezas entre los pueblos!

1 CRÓNICAS 16:8

¡Alabado sea el SEÑOR!
Alabaré al SEÑOR con todo el corazón
en la asamblea, en compañía de los rectos.
Grandes son las obras del SEÑOR;
estudiadas por los que en ellas se deleitan.

SALMO 111:1–2

Entren por sus puertas con acción de gracias;
vengan a sus atrios con himnos de alabanza;
denle gracias, alaben su nombre.

SALMO 100:4

Te ofreceré un sacrificio de gratitud
e invocaré, SEÑOR, tu nombre.

SALMO 116:17

Todo lo que Dios ha creado es bueno, y nada es despreciable si se recibe con acción de gracias.

1 TIMOTEO 4:4

PENSAMIENTO DEVOCIONAL SOBRE
LA GRATITUD

La arteriosclerosis es una afección que causa que las arterias que llevan sangre a los órganos principales del cuerpo se vuelvan rígidas, impidiendo el flujo sanguíneo. El nombre que se le daba antiguamente a esta enfermedad era «endurecimiento de las arterias». El endurecimiento del corazón es una afección espiritual en la que el corazón se vuelve rígido e impide que el poder, el espíritu y el amor de Dios fluyan a través nuestro. Al igual que la arteriosclerosis, este estado de corazón endurecido puede hacer peligrar la vida.

El mejor remedio para esta afección, ya sea que esté en una etapa avanzada o en sus inicios, es la gratitud. Como el descontento y la ingratitud endurecen al corazón, es lógico que la alabanza, la gratitud y la confianza lo ablanden.

¿Cómo podemos estar agradecidas cuando nos rodea la crisis? ¿Cómo podemos estar agradecidas cuando la vida se pone patas arriba ante nuestra vista?

Podemos enfocar nuestro corazón hacia lo siguiente: El carácter de Dios es constante por completo. Siempre podemos agradecerle su constancia y el hecho de que tenga bajo control todo aquello que nosotras no podemos controlar.

LA CONFIANZA

En ti confían los que conocen tu nombre,
    porque tú, SEÑOR, jamás abandonas a los que
    te buscan.

SALMO 9:10

Los que confían en el SEÑOR
    son como el monte Sión,
que jamás será conmovido,
    que permanecerá para siempre.

SALMO 125:1

Es mejor refugiarse en el SEÑOR
    que confiar en el hombre.
Es mejor refugiarse en el SEÑOR
    que fiarse de los poderosos.

SALMO 118:8–9

¿Por qué voy a inquietarme?
    ¿Por qué me voy a angustiar?
En Dios pondré mi esperanza
    y todavía lo alabaré.
        ¡Él es mi Salvador y mi Dios!

SALMO 42:5–6

El que atiende a la palabra, prospera.
    ¡Dichoso el que confía en el SEÑOR!

PROVERBIOS 16:20

LA CONFIANZA

Bendito el hombre que confía en el Señor,
> y pone su confianza en él.
Será como un árbol plantado junto al agua,
> que extiende sus raíces hacia la corriente;
no teme que llegue el calor,
> y sus hojas están siempre verdes.
En época de sequía no se angustia,
> y nunca deja de dar fruto.

JEREMÍAS 17:7–8

Confía en el SEÑOR y haz el bien;
> establécete en la tierra y mantente fiel.

SALMO 37:3

*Entonces exclamó Nabucodonosor: «¡Alabado sea el
Dios de estos jóvenes, que envió a su ángel y los salvó!
Ellos confiaron en él y, desafiando la orden real,
optaron por la muerte antes que honrar o adorar a otro
dios que no fuera el suyo.»*

DANIEL 3:28

El que confía en el SEÑOR prospera.

PROVERBIOS 28:25

Todo el que confíe en él no será jamás defraudado.

ROMANOS 10:11

Temer a los hombres resulta una trampa,
>   pero el que confía en el SEÑOR sale bien librado.

PROVERBIOS 29:25

Confía en el SEÑOR de todo corazón,
>   y no en tu propia inteligencia.

PROVERBIOS 3:5

Cobren ánimo y ármense de valor,
>   todos los que en el SEÑOR esperan.

SALMO 31:24

Bueno es el SEÑOR;
>   es refugio en el día de la angustia,
y protector de los que en él confían.

NAHÚM 1:7

PENSAMIENTO DEVOCIONAL SOBRE LA CONFIANZA

Agudiza los oídos. Dios te habla.

¿Qué querrá decirnos Dios cuando se nos descompone el automóvil en la carretera? ¿Cuando a nuestro hijo de dos años le da la sexta infección de oído en un período de seis meses? ¿Cuando nuestro preadolescente desafía nuestra autoridad? ¿Cuando nos enteramos que necesitamos una corona de 250 dólares en una muela? *Confía en mí...*

¿Qué querrá Dios que aprendamos cuando a nuestro esposo se le olvida nuestro aniversario, nuestra mejor amiga llama para cancelar una cita de almuerzo que teníamos programada desde hacía dos semanas, y nuestro hijo de diez años pide prestada nuestra mejor manta para hacer un fuerte, y la deja olvidada bajo la lluvia? *Eres importante para mí. Te amo.*

Es tan fácil pasar por alto lo obvio. Cuando levantamos la cabeza sobre el desierto entreverado de nuestras circunstancias, podemos alzar la vista y ver —en medio de nuestro sufrimiento y dolor— al Dios que nos guía. *Confía en mí...*

*El que siembra escasamente, escasamente cosechará,
y el que siembra en abundancia, en abundancia
cosechará. Cada uno debe dar según lo que haya deci-
dido en su corazón, no de mala gana ni por obligación,
porque Dios ama al que da con alegría. Y Dios puede
hacer que toda gracia abunde para ustedes, de manera
que siempre, en toda circunstancia, tengan todo lo necesario, y toda buena obra abunde en ustedes. Como está
escrito: «Repartió sus bienes entre los pobres; su justicia
permanece para siempre.»*

*El que le suple semilla al que siembra también le
suplirá pan para que coma, aumentará los cultivos y
hará que ustedes produzcan una abundante cosecha de
justicia. Ustedes serán enriquecidos en todo sentido para
que en toda ocasión puedan ser generosos, y para que
por medio de nosotros la generosidad de ustedes resulte
en acciones de gracias a Dios.*

2 Corintios 9:6–11

*Jesús dijo: «"Ama al Señor tu Dios con todo tu corazón,
con todo tu ser y con toda tu mente." Éste es el primero
y el más importante de los mandamientos. El segundo se
parece a éste: "Ama a tu prójimo como a ti mismo"».*

Mateo 22:37–39

Quién puede subir al monte del Señor?
   ¿Quién puede estar en su lugar santo?
Sólo el de manos limpias y corazón puro,
   el que no adora ídolos vanos
   ni jura por dioses falsos.
Quien es así recibe bendiciones del Señor;
   Dios su Salvador le hará justicia.

Salmo 24:3–5

Ya se te ha dicho lo que de ti espera el Señor:
Practicar la justicia,
   amar la misericordia,
   y humillarte ante tu Dios.

Miqueas 6:8

*Ten cuidado de no olvidar al Señor tu Dios. No dejes de
cumplir sus mandamientos, normas y preceptos … Y
cuando hayas comido y te hayas saciado, cuando hayas
edificado casas cómodas y las habites, cuando se hayan
multiplicado tus ganados y tus rebaños, y hayan aumen-
tado tu plata y tu oro y sean abundantes tus riquezas, no
te vuelvas orgulloso ni olvides al Señor tu Dios.*

Deuteronomio 8:11–14

*Traten a los demás tal y como quieren que ellos los
traten a ustedes.*

Lucas 6:31

LOS VALORES

Hablen y pórtense como quienes han de ser juzgados por la ley que nos da libertad, porque habrá un juicio sin compasión para el que actúe sin compasión. ¡La compasión triunfa en el juicio!

SANTIAGO 2:12–13

Mujer ejemplar, ¿dónde se hallará?
    ¡Es más valiosa que las piedras preciosas! […]
Tiende la mano al pobre,
    y con ella sostiene al necesitado […]
Se reviste de fuerza y dignidad,
    y afronta segura el porvenir.
Cuando habla, lo hace con sabiduría;
    cuando instruye, lo hace con amor […]
Engañoso es el encanto y pasajera la belleza;
    la mujer que teme al SEÑOR es digna de alabanza.

PROVERBIOS 31:10, 20, 25–26, 30

Consideren bien todo lo verdadero, todo lo respetable, todo lo justo, todo lo puro, todo lo amable, todo lo digno de admiración, en fin, todo lo que sea excelente o merezca elogio.

FILIPENSES 4:8

PENSAMIENTO DEVOCIONAL SOBRE
LOS VALORES

La medida del carácter de una mujer puede hallarse en lo que haría si supiera que nunca la van a descubrir. La mujer íntegra muestra un carácter igual de puro tanto debajo como encima de la superficie. Es auténtica. Sus valores están entretejidos en un código moral que impregna toda su vida.

La Biblia ofrece muchos ejemplos de mujeres de integridad: Jocabed tuvo la visión de resistirse a una sociedad opresora y salvar a su hijo Moisés. La fe de Débora la llevó a servir a Dios con valentía en una sociedad amoral. Abigail osó aventurarse y ayudar a David, el líder escogido de Dios. Ester arriesgó valerosamente su vida a fin de salvar a su pueblo. Rut fue fiel en brindarle sustento a su suegra, y sostuvo la herencia familiar de ésta.

Si deseamos atraer a alguna persona hacia el Dios que amamos, debemos ser la misma persona por dentro que por fuera. Como lo dijo William Dyer: «Debes ser lo que pareces, o bien ser lo que eres».

LA SABIDURÍA

Hijo mío, si haces tuyas mis palabras
    y atesoras mis mandamientos;
si tu oído inclinas hacia la sabiduría
    y de corazón te entregas a la inteligencia;
si llamas a la inteligencia
    y pides discernimiento;
si la buscas como a la plata,
    como a un tesoro escondido,
entonces comprenderás el temor del SEÑOR
    y hallarás el conocimiento de Dios.
Porque el SEÑOR da la sabiduría;
    conocimiento y ciencia brotan de sus labios.

PROVERBIOS 2:1–6

Temer al Señor: ¡eso es sabiduría!

JOB 28:28

*Jesús dijo: «Todo el que me oye estas palabras y las
pone en práctica es como un hombre prudente que
construyó su casa sobre la roca. Cayeron las lluvias,
crecieron los ríos, y soplaron los vientos y azotaron
aquella casa; con todo, la casa no se derrumbó porque
estaba cimentada sobre la roca».*

MATEO 7:24–25

Adquiere sabiduría, adquiere inteligencia…
No abandones nunca a la sabiduría,
    y ella te protegerá;
    ámala, y ella te cuidará.
La sabiduría es lo primero. ¡Adquiere sabiduría!
    Por sobre todas las cosas, adquiere discernimiento.

PROVERBIOS 4:5-7

«Yo te guío por el camino de la sabiduría,
    te dirijo por sendas de rectitud.
Cuando camines, no encontrarás obstáculos;
    cuando corras, no tropezarás», dice el Señor.

PROVERBIOS 4:11-12

Confía en el SEÑOR de todo corazón,
    y no en tu propia inteligencia.
Reconócelo en todos tus caminos,
    y él allanará tus sendas.

PROVERBIOS 3:5-6

¿Acaso no lo sabes?
    ¿Acaso no te has enterado?
El SEÑOR es el Dios eterno,
    creador de los confines de la tierra.
No se cansa ni se fatiga,
    y su inteligencia es insondable.

ISAÍAS 40:28

Ya sea que te desvíes a la derecha o a la izquierda, tus oídos percibirán a tus espaldas una voz que te dirá: «Éste es el camino; síguelo.»

ISAÍAS 30:21

La sabiduría que desciende del cielo es ante todo pura, y además pacífica, bondadosa, dócil, llena de compasión y de buenos frutos, imparcial y sincera.

SANTIAGO 3:17

Pensamiento Devocional Sobre
La Sabiduría

¿Qué es lo que hace sabio al sabio?

En parte tiene que ver con la inteligencia. La palabra hebrea que significa sabiduría, *hokmah*, implica conocimiento. A una persona de capacidad mental superior en una categoría dada se la considera «sabia».

Pero eso no es todo. Una traducción más precisa de la palabra *hokmah* sería «destreza para vivir». A las personas que bordaban espléndidas túnicas para los sacerdotes del Antiguo Testamento Dios las consideraba sabias. Tenían el entendimiento y la pericia necesarios para poner en acción su conocimiento.

Usted no será sabia por el simple hecho de ser inteligente. La sabiduría es saber qué hacer con lo que sabe. Es una destreza que se aplica a la vida. Y los que tienen interés en llegar a ser sabios estudiarán la vida, y luego le aplicarán a ésta lo aprendido.

Amado Señor, te ruego que me hagas sabia. Dame tanto el conocimiento como la habilidad de saber qué hacer con dicho conocimiento. Haz que sea diestra de verdad en el arte de vivir, no por ser capaz de citar una lista de valores bíblicos, sino por saber cómo aplicar esos valores y esas verdades a mi forma de vivir.

Amén.

No se inquieten por nada; más bien, en toda ocasión, con oración y ruego, presenten sus peticiones a Dios y denle gracias. Y la paz de Dios, que sobrepasa todo entendimiento, cuidará sus corazones y sus pensamientos en Cristo Jesús.

FILIPENSES 4:6–7

No tengan miedo, mi rebaño pequeño, porque es la buena voluntad del Padre darles el reino.

LUCAS 12:32

El SEÑOR mismo marchará al frente de ti y estará contigo; nunca te dejará ni te abandonará. No temas ni te desanimes.

DEUTERONOMIO 31:8

Quédense quietos, reconozcan que yo soy Dios.
    ¡Yo seré exaltado entre las naciones!
    ¡Yo seré enaltecido en la tierra!
El SEÑOR Todopoderoso está con nosotros;
    nuestro refugio es el Dios de Jacob.

SALMO 46:10-11

El SEÑOR bendice a su pueblo con la paz.

SALMO 29:11

Jesús dijo: «No se preocupen por su vida, qué comerán o beberán; ni por su cuerpo, cómo se vestirán. ¿No tiene la vida más valor que la comida, y el cuerpo más que la ropa? Fíjense en las aves del cielo: no siembran ni cosechan ni almacenan en graneros; sin embargo, el Padre celestial las alimenta. ¿No valen ustedes mucho más que ellas? ¿Quién de ustedes, por mucho que se preocupe, puede añadir una sola hora al curso de su vida?

»¿Y por qué se preocupan por la ropa? Observen cómo crecen los lirios del campo. No trabajan ni hilan; sin embargo, les digo que ni siquiera Salomón, con todo su esplendor, se vestía como uno de ellos. Si así viste Dios a la hierba que hoy está en el campo y mañana es arrojada al horno, ¿no hará mucho más por ustedes, gente de poca fe? Así que no se preocupen diciendo: "¿Qué comeremos?" o "¿Qué beberemos?" o "¿Con qué nos vestiremos?" Porque los paganos andan tras todas estas cosas, y el Padre celestial sabe que ustedes las necesitan. Más bien, busquen primeramente el reino de Dios y su justicia, y todas estas cosas les serán añadidas. Por lo tanto, no se angustien por el mañana, el cual tendrá sus propios afanes. Cada día tiene ya sus problemas».

MATEO 6:25–34

Los que confían en el SEÑOR
son como el monte Sión,
que jamás será conmovido,
que permanecerá para siempre.

SALMO 125:1

Encomienda al SEÑOR tus afanes,
y él te sostendrá;
no permitirá que el justo caiga.

SALMO 55:22

No temas, porque yo estoy contigo;
no te angusties, porque yo soy tu Dios.
Te fortaleceré y te ayudaré;
te sostendré con mi diestra victoriosa.

ISAÍAS 41:10

Depositen en él toda ansiedad, porque él cuida de ustedes.
1 PEDRO 5:7

Confío en Dios y alabo su palabra;
confío en Dios y no siento miedo.
¿Qué puede hacerme un simple mortal?

SALMO 56:3–4

———————

Moisés se para a orillas del Mar Rojo con los israelitas balando como ovejas asustadas, mientras los egipcios se les vienen encima. En su baaaa-liiiido dicen: «¡Mejor nos hubiera sido servir a los egipcios que morir en el desierto!» (Éxodo 14:12).

La respuesta de Moisés a los israelitas se parece bastante a la respuesta que nos da Dios en esos momentos increíbles de la vida en que el Mar Rojo nos impide el paso, y los egipcios de la actualidad se nos vienen encima. «No tengan miedo ... Mantengan sus posiciones, que hoy mismo serán testigos de la salvación que el Señor realizará en favor de ustedes ... Ustedes quédense quietos, que el Señor presentará batalla por ustedes» (Éxodo 14:13–14).

¿Quiénes son los egipcios que se nos vienen encima hoy? ¿Cuentas por pagar? ¿Críticas poco amables? ¿Y cuál es el Mar Rojo que amenaza con encerrarnos para que no alcancemos la esperanza? ¿Desempleo? ¿Enfermedad? ¿Confusión en cuanto a nuestro valor personal?

Si tendemos a preocuparnos, entrar en estado de pánico y correr, Dios nos dice: «Quédense quietas». Hoy, en este momento, atrapadas entre los egipcios y el Mar Rojo, podemos escoger dejar de lado el pánico, y en vez de eso quedarnos quietas.

LA ADORACIÓN

Grande es el SEÑOR, y digno de toda alabanza;
su grandeza es insondable.

SALMO 145:3

Santo, santo, santo es el SEÑOR Todopoderoso;
toda la tierra está llena de su gloria.

ISAÍAS 6:3

*Digno eres, Señor y Dios nuestro, de recibir la gloria, la
honra y el poder, porque tú creaste todas las cosas; por
tu voluntad existen y fueron creadas.*

APOCALIPSIS 4:11

Vengan, postrémonos reverentes,
doblemos la rodilla
ante el SEÑOR nuestro Hacedor.
Porque él es nuestro Dios
y nosotros somos el pueblo de su prado;
¡somos un rebaño bajo su cuidado!

SALMO 95:6–7

*Así que nosotros, que estamos recibiendo un reino
inconmovible, seamos agradecidos. Inspirados por esta
gratitud, adoremos a Dios como a él le agrada, con
temor reverente.*

HEBREOS 12:28

LA ADORACIÓN

El SEÑOR es mi fuerza y mi cántico;
    él es mi salvación.
Él es mi Dios, y lo alabaré;
    es el Dios de mi padre, y lo enalteceré.

ÉXODO 15:2

*Jesús dijo: «Se acerca la hora, y ha llegado ya, en que los
verdaderos adoradores rendirán culto al Padre en
espíritu y en verdad, porque así quiere el Padre que
sean los que le adoren. Dios es espíritu, y quienes lo
adoran deben hacerlo en espíritu y en verdad».*

JUAN 4:23–24

Quiero alabarte, SEÑOR, con todo el corazón,
    y contar todas tus maravillas.
Quiero alegrarme y regocijarme en ti,
    y cantar salmos a tu nombre, oh Altísimo.

SALMO 9:1–2

*Alabado sea Dios, Padre de nuestro Señor Jesucristo,
que nos ha bendecido en las regiones celestiales con toda
bendición espiritual en Cristo.*

EFESIOS 1:3

En todo tiempo te alabaré por tus obras;
>   en ti pondré mi esperanza en presencia de tus
>   fieles,
porque tu nombre es bueno.

SALMO 52:9

¡El SEÑOR vive! ¡Alabada sea mi roca!
>   ¡Exaltado sea Dios mi Salvador!

2 SAMUEL 22:47

Alaba, alma mía, al SEÑOR,
>   y no olvides ninguno de sus beneficios.
Él perdona todos tus pecados
>   y sana todas tus dolencias;
él rescata tu vida del sepulcro
>   y te cubre de amor y compasión.

SALMO 103:2–4

*Ofrezcamos continuamente a Dios, por medio de
Jesucristo, un sacrificio de alabanza, es decir, el fruto de
los labios que confiesan su nombre.*

HEBREOS 13:15

Tu amor es mejor que la vida;
>   por eso mis labios te alabarán.
Te bendeciré mientras viva,

y alzando mis manos te invocaré.
Mi alma quedará satisfecha
como de un suculento banquete,
y con labios jubilosos
te alabará mi boca.
SALMO 63:3-5

Ustedes son linaje escogido, real sacerdocio, nación
santa, pueblo que pertenece a Dios, para que proclamen
las obras maravillosas de aquel que los llamó de las
tinieblas a su luz admirable.
1 PEDRO 2:9

El SEÑOR domina sobre todas las naciones;
su gloria está sobre los cielos.
¿Quién como el SEÑOR nuestro Dios,
que tiene su trono en las alturas
y se digna contemplar los cielos y la tierra?
SALMO 113:4-6

Una sola cosa le pido al SEÑOR,
y es lo único que persigo:
habitar en la casa del SEÑOR
todos los días de mi vida,
para contemplar la hermosura del SEÑOR
y recrearme en su templo.

Porque en el día de la aflicción
    él me resguardará en su morada;
al amparo de su tabernáculo me protegerá,
    y me pondrá en alto, sobre una roca.
Me hará prevalecer
    frente a los enemigos que me rodean;
en su templo ofreceré sacrificios de alabanza
    y cantaré salmos al Señor.

Salmo 27:4–6

Deléitate en el Señor,
    y él te concederá los deseos de tu corazón.

Salmo 37:4

Que suba a tu presencia mi plegaria
    como una ofrenda de incienso;
que hacia ti se eleven mis manos
    como un sacrificio vespertino.

Salmo 141:2

¡Qué hermosos son, sobre los montes,
    los pies del que trae buenas nuevas;
del que proclama la paz,
    del que anuncia buenas noticias,
del que proclama la salvación,

---

del que dice a Sión: «Tu Dios reina»!
¡Escucha! Tus centinelas alzan la voz,
    y juntos gritan de alegría,
porque ven con sus propios ojos
    que el SEÑOR vuelve a Sión.
Ruinas de Jerusalén,
    ¡prorrumpan juntas en canciones de alegría!
Porque el SEÑOR ha consolado a su pueblo,
    ¡ha redimido a Jerusalén!

ISAÍAS 52:7–9

Los exhorto a temer al SEÑOR y a servirle fielmente y de
todo corazón, recordando los grandes beneficios que él
ha hecho en favor de ustedes.

1 SAMUEL 12:24

¿Cómo puedo pagarle al SEÑOR
    por tanta bondad que me ha mostrado?
¡Tan sólo brindando con la copa de salvación
    e invocando el nombre del SEÑOR!
¡Tan sólo cumpliendo mis promesas al SEÑOR
    en presencia de todo su pueblo!

SALMO 116:12–14

¡Cuán bueno, SEÑOR, es darte gracias
    y entonar, oh Altísimo, salmos a tu nombre;
proclamar tu gran amor por la mañana,
    y tu fidelidad por la noche,
al son del decacordio y de la lira;
    al son del arpa y del salterio!
Tú, SEÑOR, me llenas de alegría con tus maravillas;
    por eso alabaré jubiloso las obras de tus manos.
Oh SEÑOR, ¡cuán imponentes son tus obras,
    y cuán profundos tus pensamientos!

SALMO 92:1–5

Que el Dios que infunde aliento y perseverancia les con-
ceda vivir juntos en armonía, conforme al ejemplo de
Cristo Jesús, para que con un solo corazón y a una sola
voz glorifiquen al Dios y Padre de nuestro Señor
Jesucristo. Por tanto, acéptense mutuamente, así como
Cristo los aceptó a ustedes para gloria de Dios.

ROMANOS 15:5–7

Con la boca articulamos los himnos, mientras fijamos la vista en la caspa en la chaqueta del hombre que está delante de nosotras. Pasamos el plato de la ofrenda mientras nos preguntamos si nos queda suficiente dinero para pagar la cuenta de teléfono, la cuenta de la calefacción, las tarjetas de crédito. Abrimos la Biblia pero cerramos la mente al mensaje que se da desde el púlpito y en cambio cavilamos sobre un problema de nuestro hijo. Con la cabeza llevamos a cabo la adoración de modo mecánico pero nuestro corazón no participa del proceso.

Para poder adorar a Dios en verdad no basta con usar la cabeza. Debemos emplear el corazón.

¿Qué sentimos al considerar el poder de Dios en la creación? ¿Qué le sucede a nuestra perspectiva de la vida cuando un himno describe la provisión de Dios para la mayoría de nuestras necesidades diarias? ¿Qué quiere Dios que hagamos como respuesta a lo que hemos oído?

No basta con reconocer a Dios con la cabeza. Debemos responderle con el corazón. La adoración incluye tanto el reconocer como el responder a Dios. Se trata de sumergir tanto la cabeza como el corazón en las maravillas de su Persona y vivir y expresar la verdad de lo que hallamos en ese lugar.

MOPS es la sigla de Madres de Preescolares en inglés [Mothers of Preschoolers], un programa diseñado para madres con hijos en edad preescolar. Aproximadamente 2.500 grupos MOPS se reúnen en iglesias en todo Estados Unidos y Canadá y en once países más con el fin de suplir las necesidades de más de 100.000 mujeres por año. Las mujeres son de varias edades diferentes, y sus trasfondos varían, pero comparten el mismo deseo: ser la mejor madre posible. Si desea recibir información sobre cómo formar parte de un grupo MOPS o cómo recibir otros recursos MOPS, como por ejemplo el boletín MOM-Sense, llame o escriba a:

MOPS International,
P.O. Box 102200,
Denver, CO 80250-2200
Teléfono: 1-800-929-1287
E-mail: Info@MOPS.org
Sitio Web: http://www.MOPS.org

Para informarse sobre cómo iniciar un grupo MOPS, llame al 1-888-910-MOPS. Para recibir los productos MOPS llame al MOPShop al 1-888-545-4040.